日本の伝説

柳田国男

角川文庫
17791

目次

世におくる言葉

日本は伝説のおどろくほど多い国であります。以前はそれをよくおぼえていて、話してきかせようとする人がどの土地にも、五人も十人もありました。ただ近ごろは他にいろいろの新たに考えなければならぬことが始まって、よろこんでこういう話をきく者がすくなくなったために、しだいに思い出す折がなく、忘れたりまちがえたりしてゆくのでありますゝ。私はそれを惜しむのあまり、まず読書のすきな若い人たちのために、この本を書いてみました。伝説はこういうもの、こんなふうにして昔から、伝わっていたものということを、この本を読んではじめて知ったと、言って来てくれた人も幾人かあります。

日本に伝説の数がそのように多いのなら、もっとあとからあとから別な話を、書いていったらどうかとすすめてくださる方もありますが、それが私にはなかなかできないのです。同じような言い伝えを、ただたくさんに並べてみただけでは、おもしろい読みものにはなりにくい上に、わけをきかれた場合にそれに答える用意が、私にはまだととのわぬからであります。一つの伝説が日本国じゅう、そこにもここにも散らばっていて、皆自分のところではほんとうにあったことのように思っているというのは、まったくふしぎなまたおもしろいことで、何かこれにはかくれた理由があるのですが、それがじつはまだ明らかになっておらぬのです。私と同様に何とかしてこれを知ろうとする人が、つづいて何人もでてきて勉強しなければなりません。その学問上の好奇心を植えつけるためには、よっぽどかわった珍しい話題を、かかげておく必要があるので、そういう話題がちょっと得にくいのであります。白米城《はくまいじょう》[1]の話というのを、今私は整理しかかっております。十三塚《じゅうさんつか》[2]の伝説も遠からずまとめてみたいと思っていますが、こういうのがはたして若い読者たちの、熱心なうたがいを誘うことができるかどうか。とにかくにこの本の中に書いたような単純でしかも色彩のあざやかな話は、そう多くはないのであります。

最近に私は『伝説』[3]という小さな本をまた一つ書きました。これは主として理論の方面から、日本に伝説の栄え成長した路筋《みちすじ》を考えてみようとしたものですが、かつて若いころにこの『日本の伝説』を読んで、半分でも三分の一でも記憶していてくださる人であったら、興味はおそらくやや深められたことと思います。それにつけてもこの第一の本が、いま少しく平易にまた力強く、事実をよむ人の心にのこしてゆくことのできる文章だったらよかろうにと、考えずにはいられません。それゆえにこんどは友人たちと相談をして、またよほど話しかたをかえてみました。日本の文章は、一般にやや耳なれないむつかしい言葉をいままでは使いすぎたようであります。伝説などのごとく久しいあいだ、口の言葉でばかり伝わっていたものには、どうしても別の書きあらわしかたが入り用かと思いますが、その用意もまだ私には欠けていたのであります。新たにこの本を見る諸君に、その点もあわせて注意していただかなければなりません。

柳田国男

はしがき

伝説と昔話とはどうちがうか。それに答えるならば、昔話は動物のごとく、伝説は植物のようなものであります。昔話はほうぼうをとびあるくから、どこに行っても同じ姿を見かけることができますが、伝説はある一つの土地に根を生《は》やしていて、そうしてつねに成長してゆくのであります。雀《すずめ》や頬白《ほおじろ》はみな同じ顔をしていますが、梅や椿《つばき》は一本一本に枝ぶりが変わっているので、見覚えがあります。かわいい昔話の小鳥は、多くの伝説の森、草叢《くさむら》のなかで巣立ちますが、同時に香《かお》りの高いいろいろの伝説の種子や花粉を、遠くまではこんでいるのも彼らであります。自然を愛する人たちは、常にこの二つの種類の昔の、配合と調和とをおもしろがりますが、学問はこれを二つにわけて考えてみようとするのがはじめであります。

諸君の村の広場や学校の庭が、今は空地《あきち》になって、なんの伝説の花もさいていないということを、悲しむことは不必要であります。もとはそこにも、さまざまの言い伝えが、茂り栄えていたことがありました。そうして同じ日本の一つの島の中であるからには、形は少しずつちがっても、やっぱりこれと同じ種類の植物しか、生えていなかったこともたしかであります。私はその標本のただ二つ三つを、集めてきて諸君に見せるのであります。植物にはそれを養うて大きく強くする力が、かくれてこの国の土と水と、日の光との中にあるのであります。歴史はちょうどこれを利用して、栽培する農業のようなものです。歴史の耕地が整頓《せいとん》してゆけば、伝説の野山のせまくなるのもあたりまえであります。しかしかも日本の家の数は千五百万、家々の昔は三千年もあって、まだそのかたはしのほんの少しだけが、歴史にひらかれているのであります。それゆえに春は野に行き、藪《やぶ》にはいって、木の芽や草の花の名を問うような心もちをもって、散らばっている伝説をくらべてみるようにしなければなりません。

しかし、小さな人たちは、ただおもしろいお話のところだけを読んでおおきになったらいいでしょう。これが伝説の一つの木のなかで、ちょうど昔話の小鳥が来てとまる枝のようなものであります。私は地方の伝説をなるたけ有名にするために、くわしく土地の名を書いておきました。そうして皆さんが後にいま一度読んでみられるように、少しばかりの説明を加えておきました。

著　者

咳《せき》のおば様

昔は東京にも、たくさんの珍しい伝説がありました。その中で、皆さんに少しは関係のあるようなお話をしてみましょう。

本所《ほんじょ》の原庭《はらにわ》町の証顕寺《しょうけんじ》という寺の横町には、二尺（約六十センチ）ばかりのお婆《ばあ》さんの石の像があって、小さな人たちが咳《せき》がでて困るときに、このお婆さんにたのむとじきになおるといいました。大きな石の笠《かさ》をかぶったまま、しゃがんで両方の手で顎《あご》をささえ、鬼みたようなこわい顔をしてにらんでいましたが、いつも桃色の胸当てをしていたのは、なおったお礼に人が進上したものと思われます。子供たちは、これを咳のおば様とよんでおりました。

百年ほど前までは、江戸にはまだほうぼうに、この石のおば様があったそうであります。築地《つきじ》二丁目の稲葉対馬守《いなばつしまのかみ》という大名の中屋敷にも、有名な咳の婆さんがあって、百日咳などでなんぎをする児童の親は、そっと門番にたのんで、このお屋敷のうちへその石をおがみにはいりました。もとは老女の形によくにた二尺あまりの天然の石だったともいいますが、いつのころよりか、ちゃんと彫刻した石の像になって、しかも爺《じい》さんの像と二つそろっていました。婆さんの方はいくぶんか柔和で小さく、爺さんは大きくて恐ろしい顔をしていたそうですが、おかしいことには、両人ははなはだ仲がわるく、一つ所におくと、きっと爺さんの方がたおされていたといって、少し引きはなしてべつべつにしてありました。咳の願がけに行く人は、かならず豆や霰餅《あられもち》の炒《い》り物を持参して、煎《せん》じ茶とともにこれを両方の石の像にそなえました。そうしてもっともよくきくたのみ方は、はじめに婆様に咳をなおしてくださいと一通りたのんでおいて、つぎに爺様のところへ行ってこういうのだそうです。おじいさん、今あちらで咳の病気のことをたのんできましたが、どうも婆どのの手際《てぎわ》ではおぼつかない。なにぶんおまえさまにもよろしく願いますといって帰る。そうするとことに早く全快するという評判でありました。(『十方庵遊歴雑記』五編)

この仲のよくない爺婆の石像は、明治時代になって、しばらくどこへ行ったか行くえ不明になっていましたが、のちに隅田《すみだ》川東の牛島《うしじま》の弘福寺《こうふくじ》へひっこしていることがわかりました。この寺は稲葉家の菩提所《ぼだいしょ》で、築地の屋敷がなくなったから、ここへもっていったのでしたが、もうその時には喧嘩《けんか》などはしないようになって二人仲よくならんでいました。それればかりでなく咳の婆様という名前も人がわすれてしまって、誰がいい出したものか、腰からしもの病気をなおしてくれるといって、たのみにくるものが多くなっていました。そうしてお礼にははき物を持って来てあげるとよいということで、像の前にはいろいろの草履《ぞうり》などがおさめてあったそうです。(『土俗談語』)

食べ物を進上して口の病を治してもらった婆様に、のちには足の病気をたのみ、お礼にはき物をおくるようになったのは、ずいぶんおもしろいまちがいだと思いますが、広島市の空鞘八幡《そらざやはちまん》というお社《やしろ》のわきにある道祖神《さえのかみ》のほこらには、子供の咳の病がなおるように、願がけに来るひとが多く、そのお供え物は、いずれも馬の沓《くつ》であったそうです（『碌々雑話』）。道祖神は道の神また旅行の神で、その上にひじょうに子供のすきな神様でありました。昔は村じゅうの子供は、みなこの神の氏子《うじこ》でありました。馬にのってほうぼうのお産のある家をたずねて来て、生まれた子の運勢をきめるのは、この神様だという昔話もありました。すなわち子供をかわいがるために、馬の沓の入り用であった神なのであります。路《みち》を通る人が馬の沓や草鞋《わらじ》をあげてゆく神はどこに行ってもありますが、今では名前がいろいろにかわり、また土地によって話も少しずつちがっています。咳のおば様なども、もしかするとこの道祖神のご親類ではないか。それをこれから皆さんとともに私はすこし考えてみたいのであります。

咳のおば様の石は東京だけでなく、もとは他の県にもそちこちにありました。たとえば川越《かわごえ》の広済寺《こうさいじ》というお寺の中にも、しやぶぎばばの石塔があって、咳でなんぎをするのでお参りに来る人がたくさんにあったそうですが、今ではその石がどれだか、もうわからなくなりました。しわぶきは古い言葉で、咳のことであります。（埼玉県川越市喜多町。『入間郡誌』）

甲州八田《はった》という村にあるしわぶき婆《ばば》は、二貫目（約七・五キログラム）ばかりの三角な石で、これには炒《い》り胡麻《ごま》とお茶とをそなえて、小児がかぜをひいたときに祈りました。もとは行きだおれの旅の老女をうめた墓印の石で、やたらにうごかすとたたりがあるといっておそれておりました。（山梨県中巨摩《なかこま》郡《ぐん》百田村《ひゃくたむら》上八田組。『日本風俗志』中巻）

上総《かずさ》の俵田《たわらだ》という村の姥神《うばがみ》様は、近ごろでは子守《こもり》神社といって小さなお宮になっていますが、ここでもある尊いお方の乳母《うば》が京都からきて、咳の病でなくなったのを葬ったところといっております。それだから咳の病に願がけをすれば治してくれるということで、土地の人は甘酒《あまざけ》を持って来てそなえました。そうしてたのむとかならずよくなったという話であります。（千葉県君津《きみつ》郡《ぐん》小櫃《おびつ》村《むら》俵田《たわらだ》字《あざ》姥神台《うばがみだい》。『上総国誌稿』）

姥神《うばがみ》はまた子安《こやす》様ともいって、最初から子供のおすきな道傍《みちばた》の神様でありました。それがだんだんにかわってきて、のちには乳母《うば》を神に祀《まつ》ったものと思うようになり、自分が生きているうちに咳で苦しんだから、お祭しがあって子供たちの百日咳も、たのむとすぐに救うてもらうことができるように、信ずる人が多くなったのであります。

下総《しもうさ》の臼井《うすい》の町でも、城あとからすこし東南にはなれた田の中に、おたつ様という石の小さなほこらがあって、そこには村の人たちが麦こがしとお茶とをあげて、咳の出る病を祈っておりました。臼井の町の伝説では、おたつ様は昔臼井《うすい》竹若丸《たけわかまる》というおさない殿様の乳母でありました。志津胤氏《しづのたねうじ》という者が臼井の城をせめおとした時に、おたつはかいがいしく若君をたすけてのがれさせ、自分はこのあたりの沼の蘆原《あしはら》のなかにかくれていました。追手《おって》の軍勢がすこしも知らずに、沼のそばを通りすぎようとしたのに、あいにく咳が出たのでみつかって、乳母のおたつは殺されてしまいました。それがうらみの種であるゆえに、死んで後までも咳をする子供をみると、なおしてやらずにはおられぬのであろうと、土地の人たちも考えていたようであります。麦こがしは炒《い》り麦をはたいてつくった粉であって、皆さんもご承知のとおり、たべるとよく咳の出るものであります。それをたべていま一度、咳の出る苦しさを思い出してくださいというつもりであったとみえて、近ごろでは焼き蕃《とう》椒《がらし》をそなえる人さえあるという話でありました。それからお茶をそえるのは、こがしにむせたときに茶をのむと、それで咳がしずまるからであろうと思います。（千葉県印旛《いんば》郡《ぐん》臼井町臼井。『利根川図誌』等）

しかし東京などの咳のおば様は、べつにそういう来歴がなくても、やはりたのむと子供の百日咳をなおしてくれたといいますから、この伝説は後でできたものかもしれません。築地の稲葉家の屋敷の咳の爺婆は、以前は小田原から箱根へゆく路の風祭《かざまつり》というところの路傍にあったのを、江戸へ持って来たものだということであります。風外《ふうがい》という僧が、庵《いおり》をつくってそこに住み、後に出てゆく時にのこしておいたので、おおかた風外の父母の像であろうといいましたが（『相中襍志』）、親の像をのこして去る者もないわけですから、やはりこれも道の神の二つ石であったろうかと思います。山の峠や橋の袂《たもと》、または風祭のように道路の両方から丘のせまったところには、よく男女の石の神がまつってありました。箱根から熱海《あたみ》の方へこえる日金《ひがね》の頂上などにも、おそろしい顔をした石の像が二つあって、その一つを閻魔《えんま》さま、その一つを三途河《そうずか》の婆様だといいました。路をゆく人が銭を紙につつんで、わんと開いた口の中へ、入れていく者もあるそうです。しかしそこではまだ咳の病を、祈るということはきいていません。

浅草にはいまから四十年ほど前まで、姥《うば》が淵《ふち》という池が小さくなって残っていて、一つ家石の枕《まくら》のものすごい昔話が、語り伝えられておりました。浅草の観音様が美しい少年にばけて、鬼婆の家にきて一夜の宿をかり、それを知らずに石の枕を石の槌《つち》でうって、誤ってかわいい一人娘を殺してしまったので、悲しみのあまりに婆はこの池に身を投げて死んだ。姥が淵という名もそれからおこったなどといいましたが、この池でもやはり子供の咳の病を、祈るとかならずなおると信じていたそうであります。これは竹の筒に酒をいれて、岸の木の枝にかけてそなえると、まもなく全快したということですから、姥神も、もとはやはり子供をまもってくださる神であったのです。（『江戸名所記』）

何かかならずわけのあることと思いますが、姥神はたいてい水のほとりにまつってありました。それで臼井のおたつ様のように、水のなかで死んだ女の霊がのこっているというように、説明する話が多くなったのであります。静岡の市からすこし東、東海道の松並木から四、五十間（約七十～九十メートル）北へはいったところにも、有名な一つの姥が池ちまがありました。ここでは旅人が池の岸にきて「姥かいない」と大きな声でよぶと、たちまち池の水がわきあがるといっておりました。「かいない」というのは、今日の言葉で、「だめだなあ」ということであります。それについていろいろの昔話が伝わっているようですが、やはりその中にも咳の病のことをいう者があります。『駿国雑誌《すんこくざつし》』という書物にのせている話は、昔ある家の乳母が主人の子をだいてこの池のそばに来たときに、その子供が咳をしてたいそう苦しがるので、水をくんで飲ませようと思って、下においてちょっと目をはなすと、その間に子供は苦しみのあまり、ころげて池におちて死んでしまった。乳母も親たちに申しわけがなくて、つづいて身を投げて死んだ。それだから「姥かいない」というとくやしがり、また願がけをすると咳が治るのだというのであります。ところが、うばは金谷《かなや》長者という大家《たいけ》の乳人《めのと》で、若君の咳の病がなおるように、この池のそばの石の地蔵様に祈り、わが身をなげて主人の稚児《ちご》の命にかわった。それでその子の咳がなおったばかりか、のちのちいつまでもこの病にかかる者を、救うのであるといっているものもあります。伝説はもともとこういうふうにきくたびに少しずつ話がかわっているのがふつうですが、とにかくにこの池のそばには咳の姥神がまつってあり、ある時代にはそれがひじょうに子供のすきなお方でありました。(静岡県清水市入江町元追分。『安倍郡誌』)

姥神がもと子安様と同じ神で、つねに子供の安全をまもりたまう神であるならば、どうしてのちのちは咳の病ばかりを、なおしてくださるということになったのであろうか、何かこれには思いちがいがあったのではないかということを、考えてみようとした人もありました。上総国の南のはしに関《せき》という村があって、以前そこには高さ約五尺（約一・五メートル）、周囲二十八尺（約八・四メートル）ばかり、形は八角で上に穴のある石が二つありました。大むかしこの村に関所の門があって、これはその土台の石であるということで、土地の人は関のおば石とよんでおりました。おば石は御場石とかくのがよいという者もありましたが、やはりほんとうは姥石であったようで、ちかごろ道普請《みちふしん》のために二つある石の一方をとりのけたところが、それから村内に悪いことばかりがつづくので、またかわりの石をみつけて南手の岡の上にすえて、これを姥神といって祀《まつ》ることになりました。もとの地に残っている方の一つの石も、姥石だと思っている人が多いようであります。そうして他の地方にある神石と同様に、この百年ほどのあいだに重さが倍になったという説もありました。（千葉県君津郡関村関。『上総町村誌』）

　咳のおば様はじつは関の姥神であったのを、せきというところから人が咳の病ばかりに祈るようになったのであろうという説を、行智法印《ぎょうちほういん》という江戸の学者が、もう百年あまりも前にのべていますが（『甲子夜話』六十三）、この人は上総の関村に、おば石があることなどは知らなかったのであります。関の姥神はもちろん、上総と安房《あわ》とのさかいばかりにあったのではありません。いちばん有名なものは京都から近江《おうみ》へこえる逢阪《おうさか》の関に、百歳《ももとせ》堂《どう》といってあったのも姥神らしいという話であります。のちには関寺小町《せきでらこまち》といって、小野小町が年を取ってからここにいたという話があり、いまの木像は短冊《たんざく》と筆とを手に持った老女の姿になっていますが、以前はこれももっとおそろしい顔をした石の像であり、その前はただの天然の石であったかもしれませぬ。せきはすなわちせきとめる意味で、道祖神のさえも同じことだ、と行智法印などはいっております。いかにも関東地方の道祖神には、石に男と女の像を彫刻したものが多く、姥石《うばいし》の方にもじつは爺石《じじいし》と二つならんだものが、もとはたくさんにあったのでありますが、人が婆様ばかりをたいせつにするようになって、二つの石はだんだん仲がわるくなりました。

　これには閻魔《えんま》さまの信仰がさかんになるにつれて、三途河《そうずか》の婆様の木像をほうぼうのお寺に祀るようになったことが、一つの原因であったかもしれません。お寺ではこのこわい顔をした婆のことを、奪衣婆《だつえば》といっております。地獄の途中の三途河という川の岸に関をすえて、この世から行くわるい亡者《もうじゃ》の、衣類をはぎ取るというので有名になっております。『仏説地蔵菩薩発心因縁十王経《ぶっせつじぞうぼさつほっしんいんねんじゅうおうきょう》』という日本でつくったお経に、このことがくわしく書いてありまして、それを見ると奪衣婆もけっして後家ではないのです。懸衣翁《けんえおう》というのがその爺の方の名でありました。

「婆鬼《ばき》は盗業をいましめて両手の指を折り、翁鬼《おうき》は無義をにくんで頭足《ずそく》を一所に逼《せば》む」ともあって、両人は夫婦のようにみえるのでありますが、木像はたいてい婆の方ばかりがつくってありました。これにも深いわけがあるのですが、皆さんにはそんな話はつまらないでしょう。

とにかくにこの奪衣婆を拝むようになってから、姥神は多くは一人になり、またその顔がしだいにおそろしくなりました。江戸で関のおば様に豆炒りをあげるようになったころから、市内の寺にも数十ヶ所の木像の婆様ができ、今でもまだそちこちで盆にはおまいりをする者があります。それからはやり病などのさかんな時に、こわい顔をした婆のはいってくるのを見たというような話が、だんだんに多くなったようであります。甘酒婆《あまざけばば》といって、甘酒はないかといいながらはいってくる婆が、疫病神《やくびょうがみ》だなどという評判もよく行なわれました。かわいい子供をもつ親たちは、こういうばあいにはいそいでどこかの婆神様におまいりしました。関のおばさまが江戸でこのように評判になったのも、私はきっとたちのわるい感冒の、はやった年などがはじめであったろうと思っています。

それにしてもせきのおば様というような、古い名前が残っていながら、どうしてこんな石の婆の像のところへ、子供の病気を相談に行くのかは、もうわからなくなっていたようであります。三途河の婆様の三途河という言葉なども、やっぱり関ということでありました。三途河はにせものの十王経には葬頭河《そうずか》とも書いてありますが、そんな地名が仏教の方に前からあったわけでなく、そうずかは日本語でただ界《さかい》ということであったのを、後に誰かがこんなむずかしい字をあてはめたのであります。富士山その他の霊山ののぼり口、または大きなお社にまいる路には、たいていはそういう場所があります。精進川《しょうじがわ》と書くのが最もふつうで、じっさいそこには水の流れがあり、参詣《さんけい》の人はその水で身をきよめたようですが、それがはじめからの言葉の意味を、あらわしたものであるかどうかは、まだたしかでありません。ただそこが神様の領分のさかいであるために、いよいよ厳重に身をつつしみ、またさかいを守る神を拝んだようであります。昔の関の姥神は、おおかたつれ合いの爺神とともに、ここで祀られた石の神であったろうと、私などは考えています。それを仏教の方に働いていた人たちが、持っていって地獄に行く路の、三瀬川《みつせがわ》の鬼婆にしたのでありま す。それだからこの世にある諸国のそうずかには、多くは奪衣婆の像をまつってあるのであります。

日本本土でいちばん北のはしにあるのは、奥州外南部《そとなんぶ》の正津川《しょうづがわ》村の姥堂《うばどう》で、私も一度おまいりをしたことがあります。東海道では尾張《おわり》の熱田《あつた》の町にある姥堂は、古くから有名なものでありました。これは熱田神宮の精進川《しょうじんがわ》にかけた御姥子《おんばこ》橋、一名さんだが橋の袂《たもと》にある御堂《みどう》で、もとは一丈六尺（約四・八メートル）の奪衣婆の木像が置いてあったために、熱田神宮は御本地《ごほんじ》閻魔《えんま》王宮《おうきゅう》だなどとおそれおおいことをいう者さえありましたが（『紹巴《じょうは》富士見道記《ふじみみちのき》』）、これは姥神のもとのお姿を、忘れてしまった人のいうことであります。十王経はうそのお経でしたが、これにもとづいて地獄の絵解《えと》きをする者が全国を旅行しており、それがまた婦人でありましたために、わずかな間にほうぼうの御姥子様が、見るもおそろしい奪衣婆になってしまいました。以前はこれよりずっとやさしい顔であったことと思います。そうでなければわざわざ地獄からやって来て、生きた人間の子供のために、こんなに親切に心配をしてくれるはずはないからであります。
今でも三途河の婆様はこわい顔をしながら、子供たちの友人であります。盆の十六日には藪入《やぶい》りの少年が遊びにきます。そればかりでなく、もっと小さな子供のためにも、たのまれると乳の心配をしたなどというのは、まったくの商売ちがいのようにみえますが、それがかえって昔からの、姥神の役目であったのです。羽後《うご》の金沢の専光寺《せんこうじ》のばばさんは、寺では三途河の姥《うば》だといっていますが、乳のすくない母親が願がけをすると、かならずたくさんに出るようになるといいます。この像はむかし専光寺の開山、蓮開上人《れんかいしょうにん》の夢にひとりの女が現れて、われは小野寺の別当林《べっとうばやし》の洞穴《ほらあな》のなかに、自分の像と大日如来《だいにちにょらい》の像とを彫刻しておいた。はやく持ってきて祀るがよいと教えてくれた。さっそく行ってみるとその通りに二つの像があったので、迎えて来たと言い伝えています。雄勝《おかち》の小野寺は芍薬《しゃくやく》の名所で、小野小町を祀ったという寺がありますから、そこから迎えて来た木像ならば、たとえ小町ほどに美しくはなくても、まさか鬼みたようではなかったろうと思います。（秋田県仙北郡金沢町荒町。『秋田県案内』）
荘内《しょうない》大泉村の天王寺《てんのうじ》のしょうずかの姥も、乳不足の婦人が祈願すれば乳を増すといって、多くの信者がありました。これもいたって古い作の木像だそうですから、後に名前だけが改まったものであろうと思います。(山形県西田川郡大泉村下清水。『三郡雑記』)

遠州見付《えんしゅうみつけ》の大地蔵堂《おおじぞう》の内にある奪衣婆の像は、新しいものだろうと思いますが、ここでも子供の無事成長を祈る人が多く、そのお礼には子供のぞうりを上げました。新たに願かけをする者は、そのぞうり一足を借りていき、お礼参りの時にはそれを二足にして納めるので、いつも地蔵堂の中は、子供のぞうりでいっぱいであったといいます。(静岡県磐田郡見付町。『見付次第』)

それから上州の高崎《たかさき》市には、大師石という一つの霊石があって、その付近には弘法《こうぼう》大師の作と称する石像の婆様があり、これをしょうずかの婆石《ばばいし》といっておりました。これには咳をわずらう人が祈願をして、しるしがあれば、やはり麦こがしを持って来て供えたということであります。(群馬県高崎市赤阪町。『高崎志』)

越後では長岡の長福寺《ちょうふくじ》という寺に、古い十王堂があって閻魔様をまつっていましたが、ここでは米の炒《い》り粉を供えて咳の病を祈ると、たちどころに全快するということで、咳の十王といえば、誰知らぬ者もなかったそうです。閻魔に米のこがしを上げるのは珍しい話ですが、ことによると、もとは見付の地蔵堂のぞうりのように、同居をしていたもとの姥様のおつきあいであったかもしれません。閻魔と地蔵とは同じ一つの神の、両面であるといった人もあります。もしそうだったら、地蔵は子供の世話役ですから、わざわざこわい顔をした婆さんに頼む必要はないのですが、以前はこれがわれわれの子安神であった上に、いつも御堂のはしの方に出ていて、参詣人の目につきやすいところから、子供やその母親の願いごとは、やはりその婆様の取りつぎをたのむ方が、便利であったものと思われます。実際また人間の方でも、地蔵や閻魔の祭りに加わった者は、つい近いころまですべて皆婦人でありました。それが子安姥神の三途河の婆になってのちも、ながくもてはやされていた一つの原因であろうと思います。

驚き清水

乳母《うば》がたいせつな主人の子を水のなかに落として、自分も申しわけのために身を投げて死んだという話は、駿河《するが》の姥《うば》ヶ池の他にもまだほうぼうにあります。これだけならばほんとうにあったことかと思われますが、なおそのほかにもこれによく似た不思議話があるので、それが伝説であることが知れるのであります。

越後の蓮華寺《れんげじ》村の姨《おば》ヶ井《い》という古井戸などもその一つで、そこでも人が井戸のそばに近よって、大きな声でおばとよぶと、たちまち井戸の底からしきりに泡《あわ》が浮かんできて、ちょうどその声に答えるようであるといいました。あるいはこれを疑うものが、かりにあにとよび、またはいもうととよんでみても、まるで知らぬ顔をして、すこしも泡が立たなかったということであります。（新潟県三島郡《さんとうぐん》大津《おおづ》村《むら》蓮華寺《れんげじ》字仏ノ入。『温故之栞《おんこのしおり》』十四）

すなわち死んでもう久しくなってのちまで、姨の霊が水のなかにとどまっていると考えさせられた人が多かったのであります。同じ国の曾地峠《そちとうげ》というところには、またおまんヶ井というのがありました。これもそばに立っておまんおまんとよぶと、きっと水の面にさざなみがおこったといいます。おまんはこの近くに住んでいた某《なにがし》という武士《さむらい》の女房でありました。夫ににくまれて、殺されてこの井戸に投げこまれたゆえに、いつまでもそのうらみが水のなかに残っているのだということであります。（新潟県刈羽郡中通村曾地《かりわぐんなかどおりむらそち》。高木氏『伝説集』）

これとよく似た伝説は、上州伊勢崎《いせざき》の近くの書上原《かきあげはら》というところにもありました。それは阿満《あま》が池という小さな池があって、その岸に立って人があまとよぶと、清水がすぐにその声に答えて下からわき上り、「しばしば呼べばしばしば出《い》づ」といっております。（群馬県佐波郡殖蓮村上植木《さわぐんうえはすむらかみうえき》。『伊勢崎風土記』）

あまもおまんもまた姨が井のおばも、その声がまことに近いのは、なにか理由があることかもしれません。駿河の姥が池でも人がうばとよべばわき上がり、姥かいなしといえばいよいよ高く泡《あわ》をふいて、水を動かしたという話であります。清水のわき出る池や井戸では、ながくじっと見ていると泡が上がり、またまわりのやわらかい土をふむと、水が動くこともあるかと思いますが、ただ大きな声でよぶとよばぬとで、わいたり止まったりすることがあるというのは奇妙です。しかしこれも早くから評判になっていて、人が特別に注意するために、こういうことがわかったのかもしれません。

同じようにふしぎはじつはまだほうぼうにありました。それを少しばかりお話してみましょう。

摂津《せっつ》有馬《ありま》の温泉には、人が近くへよって大声で悪口をいうと、たちまちわき上がるという小さな湯口があって、これを後妻湯《うわなりのゆ》とよんでおりました。うわなりという言葉は後妻のことですが、のちに女の喧嘩《けんか》のことをいうようになってからは、べつに悪口をする者はなくても、若い娘などが美しく化粧《けしょう》をして湯の傍に行くと、すぐにおこってわき立つという評判になり、それを妬《ねた》みの湯という人もありました。これなどはよほど姥が池の話と似ております。（兵庫県有馬郡有馬町。『摂津名所図会』）

野州《やしゅう》の那須《なす》の温泉でも、もとは湯本から三町（約三百二十七メートル）ばかりはなれて、教伝地獄《きょうでんじごく》というところがありました。人がそこへ行って、「教伝かいない」と大きな声でどなると、たちまちぐらぐらと湯がわいたといいます。昔教伝という男は山へ薪《まき》をとりに行くときに、朝飯がおそくなって友だちが先に行くのに腹をたてて、母親をふみたおして出かけたので、その罰でその魂がいつまでも、こんなところにいるのだという話もありました。（栃木県那須郡那須村湯本。『因果物語』）

伊豆《いず》の熱海《あたみ》にはまた平左衛門湯というのがあって、「平左衛門かいない」とからかうと湯がわくといい、旅の人がそれをおもしろがるので、村の子供たちが銭をもらって、よばってみせたということであります。それがたぶん今の間歇泉《かんけつせん》のことであろうと思いますが、前にはその東に清左衛門湯、一名法斎湯《ほうさいゆ》というのもあって、そこでも大声に念仏をとなえてしばらく見ていると、高く湯がわき上がるといっておりました。法斎も人の名のようにきこえますが、じつは法斎念仏という踊りの念仏のことで、それだから法斎念仏川ともよ

て、ぶつぶつといったという話が残っています。（大分県玖珠郡《くすぐん》飯田村《はんだむら》田野《たの》。『豊薩軍記《ほうさつぐんき》』）

それからこの県の東の沖にある姫島《ひめしま》という島では、拍子水《ひょうしみず》と名づけて、手をたたけばそのひびきに応じて、ほとばしり流れるという泉があって、これを姫島の七不思議の一つにかぞえておりました。この島の神様赤水《あかみず》明神は姫神でした。この水をくんで歯をお染めになろうとすると、水の色が赤錆《あかさび》色であったので、またおはぐろ水という名前もありました。お社はその泉の前の岩の上にあり、御神体は筆を手に持って、歯を染めようとする女のお姿でありました。ふしぎなことにはただ手拍子につれて水がわくというばかりでなく、胃腸の悪い人はこの水を飲むとなおり、また皮膚病にもぬればなおったということは、美濃の伊自良の念仏池などと同じでありました。（大分県東国東郡姫島村《ひがしくにさきぐんひめしまむら》。『日女島考《ひめしまこう》』等）

支那にもこれとよく似た泉がほうぼうにあったそうで、土地によっていろいろの名をつけております。あるところでは咄泉《とっせん》といっておりました。どなるとわきだす清水ということであります。あるところでは笑泉《しょうせん》、人が笑い声をだすと水が急にわいたというので、すなわち驚きの清水と同じ意味であります。喜客泉《きかくせん》は、人が来るとよろこんでわく清水、撫《ぶ》掌泉《しょうせん》といったのは、手を打つとその声に応じて流れるという意味でありました。日本でもぜひ念仏をとなえなければ、わき出さぬというわけではなかったのであります。実地に行ってみないとたしかなことは知れませんが、たいていは周囲の土がやわらかで、足ぶみの力が水にひびいたのではないかと思います。常陸《ひたち》の青柳《あおやぎ》という村の近くには、泉の杜《もり》という御社があって、そこの清水も人馬の足音をきけば、わき返ることにえ湯のようであるといい、それでいき水と呼び、また出水川三日《いずみがわみか》の原《はら》はここだともいう人がありました。（茨城県那珂郡柳河村青柳《なかぐんやながわむらあおやぎ》。『広益俗説弁』残編）

甲州佐久《さく》神社の七釜《ななかま》の御手洗《みたらし》という清水なども、人がそのそばを通ると水がたちまちわき上がり、こまかな砂が浮きみだれて、珍しい見物であるという話であります。ただ近くに行っただけですぐにわくくらいですから、「なむあみだぶつ」といったり、「姥かいない」とでもいおうものなら、もちろんさかんにわき上がることと思いますが、ここでは誰もそんなことをしてみようとはしなかっただけであります。（山梨県東八代郡《ひがしやつしろぐん》富士見村河内。『明治神社誌料』）

昔の人たちは飲み水を見つけることが、今よりもずっとへたでありました。井戸をほって地面の底の水をくみ上げることは、ながい間知らなかったのであります。それだから、わざわざ川や池に出かけたり、または筧《かけい》というものをかけて、遠くから水を引いてきたので、あまり離れたところには家を建てて住むことができませんでした。たまに思いがけない土地に泉を見いだすと、よろこんでそこに神様をまつり、それからおいおいにその周囲に村をつくり、また旅人もそこを通って行きました。水がないのでいちばん困ったのは旅の人でありますが、その中には水を見つけることがふつうの人よりもじょうずな者があって、土地の様子を見て地下に水のあることを察し、井戸をほることを教えたのも、彼らであったろうということであります。諸国の山や野を自由にあるいていた行脚《あんぎゃ》の僧、ことに空也上人《くうやしょうにん》という人などが、多くの村々に、よい泉を見立てて残していったということで、ながく住民に感謝せられております。空也はわが国に念仏の教えをひろめた元祖の上人でありました。後の世にその道をしたう人たちは、いつでも美しい清水をくむたびに、かならずこの上人の名を思い出しました。阿彌陀《あみだ》の井《い》という古い井戸が各地に多いのは、たぶんその水のほとりにおいて、しばしば念仏の行《ぎょう》をしたためであろうと思います。空也派の念仏は、多くの人が集まってきて、踊りくるいつつ合唱する念仏でありました。念仏池の不思議が土地の人に注意せられるようになったのも、それにはそれだけの原因があったのであります。しかしそれだけの原因からでは、他のいろいろな驚き清水、おまんが井や阿《あ》満《ま》が池の伝説は出てこなかったろうと思います。念仏の僧たちが諸国を行脚《あんぎゃ》してあるくよりもなお以前から、水のめぐみをたいせつに感じて、そこに神様を祀ってそのお力をうやまっていたことが、むしろ念仏の信仰を泉のへんに引きつけたのかもしれません。そうしてその神様が、後に姥神《うばがみ》の名をもって知られた子安の神であったことは、まだこれからお話してみようと思う多くの伝説によって、おいおいにわかってくるのであります。

大師講の由来

伝説の上では、空也上人よりもなおひろく日本国じゅうをあるきまわって、もっとたくさんの清い泉を、村々の住民のために見つけてやった御大師様《おだいしさま》という人がありました。たいていの土地ではその御大師様を、高野《こうや》の弘法《こうぼう》大師のことだと思っていましたが、歴史の弘法大師は三十三の歳に、支那で仏法の修業《しゅうぎょう》をして帰って来てから、三十年の間に高野山をひらき、むずかしい多くの書物を残し、また京都の人のために、たいせつないろいろのしごとをしていて、そう遠方まで旅行をすることのできなかった人であります。こういうえらい方だから、なくなったと見せてほんとうはいつまでも、国々をめぐって修業していられるのであろうと思っていた人も少なくはなかったので、こんな伝説がひろく行なわれたのでもありましょう。高野の大師堂では、毎年四月二十一日の御衣替《おころもが》えに、大師堂の御像の衣を替えてみると、いつもその一年の間に衣の裾《すそ》がきれ、泥にけがれていました。それがいまでも人に知られずこっそりと、この大師がわれわれの村をあるいておられる証拠だなどという人もありました。

とにかくに伝説の弘法大師は、どんな田舎《いなか》の村にでもよく出かけました。その記念として残っている不思議話は、どれもこれもみな似ていますが、なかでも数の多いのは、いままで水のなかった土地に、美しくまた豊かなる清水を与えていったという話でありました。東日本の方はたいていは弘法井、または弘法池などといい、九州ではただ御大師様水とよんでおります。もとは大師様とばかりいっていたのを、のちに大師ならば弘法大師であろうと、思う者が多くなったのであります。あんまり同じような話がたくさんにあって、いくつもならべてみてもつまりませんから、私はただとびとびに今知っている話だけを書いておきます。皆さんも誰かにきいてごらんなさい。きっと近くの村にこういう言い伝えがあって、それにはいつでも女が出てきます。その女がほんとうは関の姥様《うばさま》であったのであります。

ふつうは飲み水の十分に得られないような土地に、こういう昔話が数多く伝わっていますす。人がいつまでも忘れられないよろこびの心を、起こさずにはいられなかったからであろうと思います。石川県の能美《のみ》郡なども、村々に弘法清水があって、いずれも大師の来られなかった前のころの、水の不自由を語っております。たとえば粟津《あわづ》村井《い》の口《くち》の弘法の池は、村の北のはしにある共同井戸でありますが、昔ここにはまだ一つの泉もなかったころに、ある老婆が米を洗う水を遠くからくんで来たところへ、ちょうど大師様が来あわせて、のどがかわいたからその水を飲ませよといわれました。たいせつな水を、惜しげもなくこころよくさし上げますと、そんなに水が不自由なら、一つ井戸をさずけようといって、旅の杖《つえ》を地面につき立てると、たちまちそこからいい水が流れだして、この池になったといっております。鳥越《とりこし》村の釜清水《かましみず》という部落なども、釜池という清水が村の名になるほど、いまでは有名なものになっていますが、もとはやはり水が少なくて、わざわざ手取《てとり》川までくみに行っておりました。土地の旧家の次郎左衛門《じろざえもん》という人の先祖の婆さんが、親切にその水を大師にすすめたお礼に、家の前にこの池をこしらえてくだされたのであります。それだから今でも池の岸には大師堂をたて、水の恩を感謝しているということであります。花阪《はなさか》という村にももとはよい水がなくて、ある家の老女が遠方からくんで来たのを、大師様に飲ませました。そうするとまた杖をさして、ここをほってみよといってゆかれました。それが今日の花阪の弘法池であります。ところがその近くの打越《うちこし》という村では、今でも井戸がなくて毎日河へ水くみに出かけます。これはまた昔その村の老婆が、大師様が水をほしいといわれた時に、こしまきを洗う水をすすめたその罰《ばち》だと申します。湊《みなと》という村にも、以前は二つまで弘法大師の清水があって、今ではその一つは手取川の堤の下になってしまいましたが、これも大師が杖のさきで、つきだした泉であるといっておりました。ところがそのとなりの吉原《よしはら》という村には、そういうけっこうな井戸がないばかりでなく、いままでも吉原の赤脛《あかすね》といって、村の人が股引《ももひき》をはくと病気になると言い伝えて、冬も赤い脚を出しているのは、やはりある姥が股引を洗濯《せんたく》していて、せっかく水を一ぱいくれといわれた弘法大師に、その洗い水を打ちかけたからだといっております。良い姥、悪い姥の話は、まるで花咲爺《はなさかじじ》、または舌切り雀《すずめ》などと同じようではありませんか。（以上みな『能美郡誌』）

それから能登《のと》の方では羽阪《はざか》という海岸の村では、昔弘法大師がこのへんを通って水を求められた時に、情けなくも惜しんで上げなかったため、大師は腹を立てて一村の水をしまい込んでおしまいになったといって、今でもどこをほってみても水に鉄気《かなけ》があって使うことができず、仕方なしにたべ物には川の水をくんでくるという話でありました。（石川県鹿島郡鳥屋村羽阪。『能登国名跡志』）

また羽咋《はぐい》郡の末吉《すえよし》という村でも、水を惜しんで大師に与えなかったために、今によい清水を得ることができぬといっていますが、その近くの志加浦上野《しがうらうえの》という部落では親切にしたので、大師はそのお礼にそばの岩をゆびさすと、たちまちその岩の中から水がわいたといっています。そして名産の志賀晒《しがざらし》布また能登縮《のとちぢみ》をこの水でさらして、いつまでもそのめぐみを受けているということであります。（石川県羽咋郡志加浦村上野。『郷土研究』三編）

若狭《わかさ》の関屋川原《せきやかわら》という所は、比治《ひじ》川の水筋がありながら、ふだんは水がなくて大雨の時にばかり、いっぱいになってわたることのできない困った川でありました。これも昔この村の老女がひとり、川に出て洗濯しているおりに、僧空海《くうかい》が行脚《あんぎゃ》して来てのどがかわいたので、水でももらいたいとこの老女にいわれたところが、この村には飲み水がありませんと、すげなくことわりました。それをひじょうに立腹して唱えごとをしてから、川の水はことごとく地の下を流れていくことになって、村ではなんの役にも立たぬ川になってしまったのだそうです。（福井県大飯《おおい》郡《ぐん》青《あお》ノ郷村《ごうむら》関屋《せきや》。『若狭郡県志』）

近江《おうみ》の湖水の北にある今市《いまいち》という村でも、村には共同の井戸が一つあるだけで、それがまたすぐれたよい水でありました。これも弘法大師が諸国を歩きまわって、ちょうどこの村に来て一人の若い娘にであい、水が飲みたいといわれました。すると親切に遠いところへくみにいって、久しい間大師を待たせましたので、大師がそのわけをきいてきのどくに思い、持っていた杖でそこいらの岩の間を突かれると、すなわち清水がわき出たのがこの井戸であるといいます。（滋賀県伊香《いか》郡《ぐん》片岡村《かたおかむら》今市《いまいち》。『郷土研究』二編）

伊勢の仁田《にた》村では井戸世古《いどせこ》の二《ふた》つ井といって、一つはにごってせんたくにしか使われず、そのとなりの井戸はまことによい水でありました。やはり老いたる女がせんたくをしているところへ、弘法大師が来て水をもとめた時に、その水はわるいからといって、わざわざたいへん遠いところまで行ってくんできてくれましたので、大師がそれは困るだろうといって、杖をにごり井のすぐわきの地面にさすと、そこからこのような清い泉がわき出たというのであります。（三重県多気《たき》郡《ぐん》佐奈《さな》村《むら》仁田《にた》。『伊勢名勝誌』）

紀州は弘法大師のながくおられた国だけに、いくつかの名水がたいていはこの大師のおかげということになっています。日高《ひだか》郡ばかりでも弘法井は南部《みなべ》の東吉田《ひがしよしだ》、上南部《かみみなべ》の熊岡《くまおか》、東内原《ひがしうちはら》の原谷《はらたに》にもあり、西内原《にしうちはら》の池田の大師堂の近くにもありました。船津《ふなつ》の阪本の弘法井は、今でも道を通る人が花をあげ、お賽銭《さいせん》を投げていきます。高家《たかいえ》の水飲谷《みずのみだに》にあるのは、弘法大師が指先でほったといって結構な水であります。南部の旧熊野街道の山路に、いま一つある弘法井などは、親切な老婆がくんできた水が、千里の浜までくみにいったものだという話を聞いて、それはたいへんなことだといって、大師が錫杖《しやくじよう》のさきで、ほってくださった井戸だといっております。（以上みな『南紀土俗資料』）

伊都《いと》郡の野村という所などは、弘法大師が杖でついてからわき出したと伝わって、幅五尺（約一・五メートル）ほどの泉が二十五間（約四十五メートル）もある岸の上から落ちて、広い区域の田地をうるおしています。話は残っているかどうか知りませぬが、それを今でも姥滝《うばたき》というのであります。杖《つえ》ヶ藪《やぶ》という村にも、大師が杖でほったという加持水《かじすい》の井戸があって、その杖を投げておかれたら、それが成長して藪になったといい、村の名までがそれから出ているのであります。（和歌山県伊都《いと》郡《ぐん》高野《こうや》村《むら》杖ヶ藪。『紀伊続風土記』）

こんな話はいくらでもありますから、もういいかげんにしておきましょう。四国などは大師の八十八ヵ所もあるくらいですから、この突きさした杖に根が生えて、だんだん成長したのだという大木の数だけでも、数えきれないほどたくさんにあり、わるい婆さんとよい婆さんとが、たった一杯の水を惜しんだか与えたかによって、片方はいつまでも井戸の水が赤くて飲まれず、他の片方はこんなよい水を大師様にもらったという伝説が、もう昔話のようになって多くの村の子供に語り伝えられております。

杖の清水の話のなかでも、ことに有名なものは、阿波《あわ》では下分上山《しもぶんかみやま》の柳水《やなぎみず》、この村にはもとは水がなかったのを、大師がその杖で岩を突き、そこから清水が流れ出るようになりました。杖は柳の木で、永くその泉のそばに青々と茂っていたそうであります。（徳島県名西郡下分上山村《みょうざいぐんしもぶんかみやまむら》。『阿州奇事雑話』）

伊予では高井の西林寺《せいりんじ》の杖の淵《ふち》、この村にも昔は水はなかったのですが、大師が来て杖を地に立ててから、淵になるまでのりっぱな泉がわきだしたのだそうです。しかしその杖は今ではもうないので、竹であったか柳であったかわからなくなってしまいました。（愛媛県温泉郡久米村高井《おんせんぐんくめむらたかい》。『伊予温故録』）

どうして旅の僧が行くさきざきに、杖を立ててあるくのかということを、私はいろいろに考えてみましたが、池や泉と関係のないことははぶいておきます。九州の南の方では性空上人《しょうくうしょうにん》、越後の七不思議の話では親鸞《しんらん》上人、甲州の御嶽《みたけ》の社の近くには日蓮《にちれん》上人などが、竹の杖を立ててそれが成長したことになっていますが、水がわき出した話には、どうも大師様が多いようであります。東京の付近では入間《いるま》郡の三つ井というところに、弘法大師がこられた時には、気だてのやさしい村の女が、機《はた》を織っていたそうであります。水がほしいといわれるので、機からおりて遠いところまでくみに行きました。それはさだめて不自由なことであろうと、さっそく杖をさして出るようにしてくださったという清水が、今でも流れて土地の名前にまでなっております。（埼玉県入間郡所沢町上新井字三つ井。『新編武蔵風土記稿』）

女が機を織っていたという話も、何か特別のわけがあって、昔から語っていたことのようであります。大師の井戸のいちばん北の方にあるのは、今わかっているものでは山形県の吉川《よしかわ》というところで、ここまで伝説の弘法大師は行っておられるのであります。そのむかし大師が湯殿山《ゆどのさん》を開きにこられたときに、喉《のど》がかわいてこの村のある百姓の家にはいって、水を飲ませてくれと申されますと、女房がひどい女で、米のとぎ汁《じる》を出しました。それを大師はだまって飲んで行かれたが、あとで女房の顔が馬になってしまった。それからまた二、三町も過ぎたところのある家では、女房は機を織っていました。ここでも水がほしいといわれますと、いやな顔もせずに機からおりて、遠いところまでくみに行ってくれました。大師はよろこんで、この村にはよい水がないとみえる。一つほってやろうといって、例の杖をもって地面に穴をほりますと、こんこんとして清水がわきました。それが今もある大師の井戸だというのであります。（山形県西村山郡川土居村吉川。『郷土研究』一編）

ここでまず最初に、われわれが考えてみなければならぬのは、それがほんとうに弘法大師の僧空海であったろうかということであります。広い日本国じゅうをこのとおりよく歩きまわり、どこでもおなじようなふしぎを残していくことは、とても人間わざではできぬ話でありますが、それを神様だといわずに、なるべく誰か昔のえらい人のしたことのようにわれわれは考えてみようとしたのであります。それには弘法大師がもっともその人だと想像しやすかっただけではないでしょうか。温泉の方にも杖でほり出したという伝説がすこしはあります。上州の奥にある川場の温泉なども、昔弘法様が来てある民家に一泊したときに、足を洗う湯がないので困っていると、さっそく杖をその家の入り口にさして、出してくだされたのがこの湯であると言い伝えております。それだからこの温泉は脚気《かっけ》によくきくのだと土地の人はいい、また湯坪《ゆつぼ》のかたわきに、今でも石の小さな大師様の像を立てて、拝んでいるのだということであります。（群馬県利根郡川場村川場湯原。『郷土研究』一編）

ところが摂津《せっつ》の有馬《ありま》の湯の山では、豊臣秀吉がやはり杖をもって温泉を出したという話になっております。太閤《たいこう》が有馬にあそびに来た時に、清涼院《せいりょういん》というお寺の門の前を通っていい、いいじょうだん半分に杖をもって地面の上をたたき、ここからも湯がわけばよい。そうすれば来てはいるのにといいますと、たちまちその足もとから、温泉が出たといいます。それでその温泉の名を上《かみ》の湯、一名願いの湯とも呼んでおりましたが、後にはその名ばかり残って、温泉は出なくなってしまいました。（『摂陽群談《せつようぐんだん》』八）

太閤様は思うことがなんでもかなった人だから、そういうこともあったか知れぬと、考えた者はずいぶんありました。ぜひとも弘法大師でなくてはならぬというわけでもなかったのであります。尾張《おわり》の生路《いくじ》という村には、あるお寺の下にきれいな清水があって、これも大師のほった井戸だと、土地の人たちはいっておりましたが、それが最初からの言い伝えでなかったことは明らかになりました。四百年ばかり前に、ある学者がこの寺にたのまれて書いた文章には、大むかし日本武尊《やまとたけるのみこと》が、ここに来て狩りをなされ、かわきをおぼえなされたが水がないので、弓弭《ゆはず》をもって岩をおしになると清い泉がわいた。それがこの井戸であるとしるしております。近ごろはもう水も出なくなりましたが、以前は村の者がひじょうに尊敬していた井戸で、けがれのある者がもしこれを汲《く》もうとすると、にわかに水の色がにごってしまうとまで信じていたそうであります。（愛知県知多《ちた》郡《ぐん》東浦村《ひがしうらむら》生路《いくじ》。『尾州府志』）

　これと同じような伝説は、他の地方に数多くありまして、ただ関係した人の名がちがっているばかりであります。関東などでいちばん多くいうのは、[6]八幡太郎義家《はちまんたろうよしいえ》であります。軍《いくさ》のなかばに水が得られないので、神に念じ、弓をもって岩に突き、また矢を土の上にさすと、それから泉が流れて士卒ことごとく渇をいやした。よってこれを神水として感謝のため神のみ社を建ててながく祀《まつ》ったといって、その神も多くは八幡様であります。小高い所から泉のわく場合には、たいていは土が早く流れて岩が現れてきますので、いっそう普通の人間の力では、見出《みいだ》すことができなかったように想像する者が多くなったことなのかと思います。すなわちこの石清水《いわしみず》八幡の伝説なども、後になるほどだんだんに数が多くなったわけでありますが、それがお社も何もない里のなかや道のかたわら、または人家の間にはさまってしまうと、話はどうしても杖を持った行脚《あんぎゃ》の旅僧という方へ、持ってゆかれやすかったようであります。

それからまた他のいろいろの天然のふしぎを、あれもこれも同じ弘法大師の仕事のように、説明する風《ふう》がさかんになりました。そのなかでももっとも人のよく知っている例は、石芋《いしいも》といって葉はまったく里芋のごとく、その根はかたくて食べることのできない植物、または食わず梨《なし》といって味も何もない梨の実などであります。いずれもその昔一人の旅僧がそこを通って、一つくれぬかと所望《しょもう》したのを、物惜しみの主人がうそをついて、これはかたくてだめですとか、またはしぶくて上げられませんとかいった。そうかといって旅僧は行ってしまったが、後で聞くとそれが大師様であった。その芋また梨はそれから以後、かたくまたしぶくなってしまって、食べることができなくなったなどというのであります。伝説の弘法大師はぜんたいにすこし怒りすぎ、また喜びすぎたようであります。そうして仏法の教化《きょうげ》とは関係なく、いつもわれわれの常の生活について、よいこともわるいことも、ともにこまかく世話をやいています。杖立て清水をもって百姓のなんぎを救うまではよいが、おこって井戸の水を赤錆《あかさび》にしていったり、芋や果物《くだもの》を食べられぬようにしたというなどは、こういう人たちにはにあわぬしわざであります。ところが日本の古風な考えかたでは、人間の幸不幸は神様に対するわれわれの行ないの、正しいか正しくないかによって定まるように思っていました。その考えかたが、今でも新しい問題について、おりおりは現れてくるのであります。だから私などは、これを弘法大師の話にしたのは、なにかのまちがいではなかろうかと思うのであります。

そのことはいまに皆さんが自分で考えてみるとして、もうすこし珍しい伝説の例をあげておきましょう。石芋、食わず梨とちょうど反対の話に、煮栗《にぐり》焼き栗というのがほうぼうの土地にあります。これも今では弘法大師の力で、いったん煮たり焼いたりした栗の実が、ふたたび芽をふいて木になったといって、さかんに実がなっているのであります。越後の上野原《うえのはら》などにある焼き栗は、親鸞《しんらん》上人の逸話になっていますが、やはりある信心の老女がさしあげた焼き栗を、こころみに土にうめて、もし私の教えが後の世で繁昌《はんじょう》をするならば、この焼き栗も芽を出すであろうといってゆかれた。そうするとはたしてその言葉のとおり、それが成長して大きな栗林《くりばやし》となり、しかも三度栗といって一年に三度ずつ、実をむすぶようになったというのであります。どうしてこのような話ができたかというと、この一種の柴栗《しばぐり》がほかのものよりはずっと色が黒くて、火にこげたように見えるからでありますが、京都の南の方のある在所では、やはりおなじ話があって、これは天武天皇の御事蹟《ごじせき》だというのであります。天武天皇が一時芳野《よしの》の山におはいりになるとき、この村でお休みなされると、煮た栗を献上したものがあった。もう一度帰ってくるようであれば、この煮た栗も芽をふくといって、お植えになった実が大木になって栄えたということで、その種がながく伝わっております。あるいはまた春日《かすが》の明神《みょうじん》がはじめて大和《やまと》にお移りになったときに、おつきの神主《かんぬし》が煮栗の実をまいたという者もあります。こういうように、話はぜひとも弘法大師でなければならぬというわけでもなかったのであります。

それからまた片身の魚、片目の鮒《ふな》などという話もあります。焼いてたべようとしているところへ大師がやって来て、それを私にくれといって、乞《こ》いうけて小池へ放した。それから以後その池にいる鮒は、一方だけ黒く焼けこげたようになっている。または片目がない、もしくは片側がそいだようにうすくなっているというのです。動物学の方からみて、そんな魚類があるものとも思われませんが、とにかくに片目の魚がすむという池はひじょうに多く、それがことごとく神の社、または古いお堂のかたわらにある池であります。池と大師とは、またこういう方面においては関係があるのであります。

あるいはまた衣掛《きぬが》け岩、羽衣の松という伝説もあります。これも水のほとりで、珍しい形の岩や大木のある場合に、ふしぎな神の衣《きぬ》が掛かっていたことがあるというので、ふつうにはけだかいお姫様などの話になっているのですが、それがまたいつの間にか、弘法大師と入り代わっているところもあるのです。備前の海岸の間口《まぐち》という湾のはしには、船で通る人のよく知っている裳掛《もか》け岩という大岩があります。これなども飛鳥井姫《あすかいひめ》という美しい上臈《じょうろう》の着物が遠くから飛んできてひっかかったという言い伝えもあるのですが、土地の人たちは、またこんなふうにもいっている。昔大師が間口の部落へきて、法衣《ほうえ》をかわかしたいから物干しの竿《さお》を貸してくれぬかといわれた。竿はありませんと村の者がすげなくことわったので、大師もしかたなしにこの岩の上に、ぬれた衣をかけてお干しなされたというのであります。おおかたこれも一人の不親切な女の、後でばちがあたった話であったろうと思います。（岡山県邑久《おく》郡《ぐん》裳掛《もかけ》村福谷《むらふくたに》。『邑久郡誌』）
安房《あわ》の青木という村には、弘法大師の芋井戸というのがあります。井戸の底に芋のような葉をした植物が、青々と茂っています。昔大師がこの村のある老婆の家にきて、芋をくれないかと所望《しょもう》したのを、老婆が物惜しみをしてこの芋は石芋ですとうそをいった。そうするとたちまち家の芋が皆石のようにかたくなり、食べることができぬから戸の外にすてると、そこから水がわき出してこの井戸になったというのは、きっと二つの話の混合で、芋ではばちを受けたが、井戸は土地いちばんの清水でありました。伝説はこういうふうに半分かけたり、またつぎあわせて一つになったりするものであります。（千葉県安房郡白浜村青木。『安房志』）
会津《あいづ》の大塩《おおしお》という村では山のなかの泉をくんで、近いころまではそれを釜《かま》で煮て塩を製していました。こういう奥山に塩の井の出るというのは、土地の人たちにもふしぎなことでした。それでやはり弘法大師がやって来て、貴い術をもって潮をよんでくだされたといっていますが、これにはまたどういう女があって関係したものか、今では忘れてしまった者が多いようであります。（福島県耶麻《やま》郡《ぐん》大塩村。『平日閑話』）
ところが安房の方では神余《かなまり》の畑中《はたなか》という部落に、川の流れから塩の井のわくところがあって、今でもその由来を伝えています。その昔金丸《かなまる》氏の家臣杉浦吉之丞《すぎうらきちのじょう》の後家美和女《みわじょ》、施しをこのみ、こころがけのやさしい婦人でありました。大同三年の十一月二十四日に、一人の旅僧がきて食をもとめたので、ちょうどこしらえてあった小豆粥《あずきがゆ》を与えると、その粥には塩気がないから、旅僧は不審に思いました。うちが貧乏で塩を買うことができぬというのをきいて、それはおきのどくだと川の岸におりて、手にもつ錫杖《しゃくじょう》を突きさしてしばらく祈念し、やがてそれを抜くと、その穴から水がほとばしって、女の顔のところまでとびあがりました。なめてみるとそれが真塩《ましお》であり、その僧は弘法大師であったと、古い記録にも書いてあるそうです。（千葉県安房郡豊房村神余《とよふさむらかなまり》。『安房志』）

いくら記録には書いてあっても、これが歴史でないことは誰にでもわかります。弘法の旅行をしそうな大同三年ごろには、まだ金丸家も杉浦氏もなかったのであります。それよりも皆さんにお話したいことは、十一月二十四日の前の晩は、いまでも関東地方の村々でお大師講といって、小豆《あずき》の粥を煮《に》てお祭りをする日だということであります。天台宗のお寺などでは、この日がちょうど天台智者《てんだいちしゃ》大師の忌日《きにち》にあたるために、そのつもりで大師講をいとなんでいますが、他の多くのいなかでは、これも弘法大師だと思っているのであります。智者大師はその名を智顗《ちぎ》といって、今から千三百四十年ほど前になくなった支那の高僧で、生きているうちには一度も日本へは来たことのなかった人であります。また弘法大師の方はこの十一月の二十三日の晩と、すこしも関係がなかった人でありますが、どこの村でもこの一夜にかぎって、大師様がかならず家から家をめぐってあるかれると信じて、このお祭りをしていたのであります。

旧暦では十一月末のころは、もうかなり寒くなります。信州や越後ではそろそろ雪が降りますが、この二十三日の晩はたとえすこしでもかならず降るものだといって、それをでんぼ隠しの雪といいます。そうしてこれにもやはりお婆さんの話がついております。信州などの方言では、でんぼとは、足の指なしのことであります。昔信心ぶかくてびんぼうな老女が、何かお大師様にさし上げたい一心から、人の畠にはいって芋や大根をぬすんで来た。その婆さんがでんぼであって、足跡をのこせば誰にでも見つかるので、あんまりかわいそうだといって、大師が雪を降らせて隠してくださった。その雪が今でも降るのだという者があります（『南安曇郡誌』その他）。しかしこの話なども後になって、すこしばかりまちがったのではないかと思う点があります。信州ではこの晩に食物をそなえるお箸《はし》は、葦《あし》の茎をもってかならず一本はながく、一本はみじかく作ることになっています。これもでんぼ隠しの記念であって、その婆さんはでんぼで、かつ跛《ちんば》であったからという人もあるが、所によっては大師様自身が生まれつき跛で、それでこの晩村々をまわってあるかれるのに、雪が降るとその足跡が隠れてちょうどよいとよろこばれるといい、「でえしでんぼの跡隠し」という諺《ことわざ》もあるそうです（『小谷口碑集』）。越後の方でも古くから大師講の小豆粥《あずきがゆ》には、栗の枝でこしらえた長し短しのお箸をつけてそなえました。耳の遠い者がその箸を耳の穴にあてると、よくきこえるなどともいいました。それからこの晩雪が降ると、跡隠しの雪といって、大師が里から里へあるかれる御足《みあし》の跡を、人に見せぬように隠すのだと言い伝えておりました。(『越後風俗問状答』)

そうするとだんだんに大師が、弘法大師でも智者大師でもなかったことがわかってきます。いまでも山の神様は片足神であるように、思っていた人は日本には多いのであります。それで大きな草履《ぞうり》を片方だけつくって、山の神様にあげる風習などもありました。冬のまなかに山から里へ、おりおりはおりてこられることもあるといって、雪はかえってその足跡を見せたものでありました。後に仏教がはいってからこれを信ずる者が少なくなり、ただ子供たちのおそろしがる神になった末に、だんだんにおちぶれて、おばけの中にかぞえられるようになりましたが、もとはギリシャやスカンディナビアの、古い尊い神々もおなじように、われわれの山の神も足一つで、また目一つであったのであります。それとこれとは関係はないかもしれませんが、とにかく十一月二十三日の晩に国じゅうの村々を巡り、小豆の粥をもって祀られていたのは、ただの人間のえらい人ではなかったのであります。それをわれわれの口の言葉で、ただだいし様とよんでいたのを、文字を知る人たちが弘法大師かと思っただけであります。

だいしはもし漢字をあてるならば、大子と書くのが正しいのであろうと思います。もとはおおごといって大きな子、すなわち長男という意味でありましたが、漢字の音でよぶようになってからは、だんだんに神と尊い方のお子様のほかには使わぬことになり、それも後にはたいしといって、ほとんど聖徳太子ばかりをさすようになってしまいました。そういう古い言葉がまだ田舎《いなか》には残っていたために、いつとなく仏教の大師とまぎれることになったのですが、もともと神様のお子ということですから、気をつけてみると大師らしくない話ばかり多いのであります。信州でもずっと南の方の、竜丘村《たつおかむら》の琴《こと》が原というところには、浄元大姉《じょうげんだいし》といって足の悪い神様をまつっております。その御遺跡を花の御所、後醍醐《ごだいご》天皇の御妹であったなどという説さえありますが、これもまただいしと姥の神とを、拝んでいたのがはじめのようであります。この大子も路《みち》で足をいためてなんぎをなされたので、ながく土地の者の足の病をなおしてやろうとおおせられたといって、いまでも信心におまいりする人があり、そのお礼にはわらじを片足だけおさめることになっています。そうしてこの地方にも、「ちんば山の神の片足草鞋《かたあしわらじ》」という諺《ことわざ》があるそうであります。（長野県下伊那郡竜丘村。『伝説の下伊那』）

高く尊い天《あま》つ神の御子を、王子権現といい若宮《わかみや》・児宮《ちごのみや》などといって、村々にまつっている例はたくさんあります。また大工とか木挽《こび》きとかいう、山の木に関係のある職業の人が、いまでも御太子様といって拝んでいるのも、仏法の方の人などは聖徳太子にきめてしまっておりますが、最初はやはりただ神様の御子であったのかもしれません。古い日本の大きなお社でも、こういう若々しく、また尊い神様をまつっているものがほうぼうにありました。そうしていつでも御身内の婦人が、かならずそのおそばについておられるのであります。それから考えてみますと、十一月二十三日の晩のおだいし講の老女なども、のちにはびんぼうないやしい家の者のようにいい出しましたけれども、以前にはこれも神の御母、または御叔母《おんおば》というような、とにかくふつうの村の人よりは、ずっとそのだいしにしたしみの深い方であったのではないかと思います。それぐらいな変化は、伝説には珍しくないのみならず、多くのお社や堂には脇侍《わきし》ともいって、姥の木像がおいてあり、また関の姥様の話にもあるように、児《ちご》と姥との霊をいっしょに、井の上、池の岸にまつっているという、伝説も少なくないのであります。

私は児童の守り神として、姥の神を拝むようになった原因も、大子がじつは児《ちご》の神のことであったとすれば、それでよくわかると思っています。姥はもと神の御子をたいせつに育てたゆえに、人間の方からも深い信用を受けたのであろうと思います。それについてはまた二つ三つのすこし新しい伝説もあります。紀州岩出《いわで》の疱瘡《ほうそう》神社というのは、以前は大西という旧家の支配で、守り札などもそこから出しておりました。その大西家で板《はん》にした縁起には、こういう話が書いてありました。ある年十一月の二十三日の晩に、白髪《しらが》の婆さまがひとりたずねて来て、一夜の宿をかりたいといった。うちは貧乏で何もあげるものがないというと、食事には用がない。ただとめてくだされればよいといって、夜どおし囲炉裏の火のそばにすわっていた。夜の明け方に清水をくんでもらって、それを湯にわかしてしずかに飲み、そうして出てゆこうとして大西家の主人にむかい、私はこの家の先祖と縁のある者だ。いままたこうして親切に、宿をしてもらったのはありがたいと思うから、そのお礼にはこれからいつまでも、大西の子孫と名のる者は疱瘡がかるく、長命をするように守ってやろうといって帰った。その跡を見送ると、ちょうど今のお社のあるところまで来て、愛染明王《あいぜんみょうおう》の姿を現《げん》じてゆくえしれずになったといっております。種痘ということのはじまるまでは、疱瘡はまことに子供たちの大敵でありました。それだからことに疱瘡神をおそれうやもうていたのでありますが、この老女はじつはそれであったらしいのです。愛染明王はもとは愛欲の神であったそうですが、愛という名からわが国では、とくに小児の無事息災を祈っていました。それゆえにお姿も若々しく、けっして婆さまなどにばけてこられる神ではなかったのです。それを一つにして、この大西家の先祖の人は、まぼろしに見たのであります。前から姥の神の後には児の神のあることを、知っていたためであろうと思います。（和歌山県那賀《なが》郡岩出町《いわでちょう》備前《びぜん》。『紀伊続風土記』）

伊勢の丹生《にゅう》村は古くから鉛の産地ですが、そこには名のきこえた鉱泉が一つあります。近ごろではいろいろの病気のものが入浴にくるようになりましたが、昔はただこの地方の女たちが、お産の前後に来て垢離《こり》をとり、生まれ子の安全をお祈りするところであったために、泉の名を子安の井といい、やはり弘法大師の加持水だという伝説をもっていました。戦国時代にはこの土地があれてしまって、井戸も半分はうもれ、そういう言い伝えをわすれた人が多くなり、近所の百姓たちでその水をふつうの飲料につかう者もありましたが、そういう家ではどうも病人が多く、なかには死にたえてしまった家さえあったので、おどろいて御籤《みくじ》をひいて明神様の神意をうかがったそうです。実際は水に鉛の気があって、それで飲む者を害したのかもしれませんが、昔の人はそうは思わなかったのであります。それで御籤のおもてには、子安井は産前産後の女のために子育てをたすけ守りたまうべき深い思し召《おぼめ》しのある井戸だから、早くさらえて清くせよと出たので、それからはいよいよこれを日用のためにくむ者が、祟《たた》りを受けるようになったということであります。（三重県多気郡丹生村。『丹洞夜話』）

子安池というのは、また東京の近くにもあって、これにも杖立て清水とよくにた伝説をもっておりました。板橋の町の西北の、下新倉《しもにいくら》の妙典寺《みょうてんじ》という寺のわきにあったのがそれで、昔日蓮上人《にちれんしょうにん》がこの地方を行脚《あんぎゃ》していたころ、墨田五郎時光《すみだのごろうときみつ》という大名の奥方が、難産でひじょうに苦しんでいました。日蓮がそのために安産のいのりをして、一本の楊枝《ようじ》をもって加持をすると、たちまちここからすぐれたる清水がわき出した。その水をくんで口をそそぎ、御符《ごふ》をいただかせたら、りっぱな男の児が生まれたといって、その池のかたわらにある古木の柳の木は、日蓮上人の楊枝を地にさしたのが、芽をふいて成長したものだとも語り伝えておりました。（埼玉県北足立郡白子町下新倉。『新編武蔵風土記稿』）

伝説は子安池の、岸の柳のごとく成長しました。東京は四百年このかたにようやくできた都会ですが、ここへも弘法大師がいつの間にかやって来ています。上野公園のうしろの谷中清水町《やなかしみずちよう》には、清水稲荷《しみずいなり》があってもとは有名な清水がそのかたわらにあったのです。この清水がまだ出なかったまえに、やはりひとりの老母が頭に桶《おけ》をのせて、遠いところから水を運んでいたところへ、大師が来合わせてその水をもらって飲みました。年をとってから毎日、こうして水をくんでくるのは苦しいだろうといわれますと、そればかりではありません、私にはたったひとりの子があって、ながらく病気をしているのでこまりますと答えました。そうすると大師はしばらく考えて、手に持つ独鈷《とつこ》というもので、こつこつと地面をほり、たちまちそこからこの清水がわくようになりました。味わいは甘露《かんろ》のごとく、夏はひややかに冬はあたたかにして、いかなる炎天にもかるることなしという名水でありました。姥の子供の病気は何病でありましたか、この水で洗ったらさっそくになおりました。それから多くの人がもらいにくるようになって、万《よろず》の病はみなこの水をくんで洗えば、かならずよくなるといいました。稲荷のお社も、この時に弘法大師がまつっておかれたということで、おいおいに繁昌《はんじよう》して、今のように町屋が立ちつづいてきたのであります。

（東京市下谷《したや》区清水町。『江戸名所記』）

野州足利《あしかが》在の養源寺《ようげんじ》の山の下の池などは、直径三尺（約九十センチ）ほどしかない小池ではありますが、これも弘法大師の加持水《かじすい》と言い伝えて、信心ぶかい人たちがくんでいって飲むそうです。むかしある婦人が乳がたりなくて、赤ん坊をだいてこまりきっていたところへ、見なれぬ旅僧がきてその話をきき、しばらく祈念をしてから杖で地面をつきますと、そこから水がわき出したのだそうです。これを自分で飲んでもよし、または乳のようにして小児にふくませても、かならずじょうぶに育つであろうといって行きました。それが弘法大師であったということは、おおかた後に養源寺の人たちが、いいはじめたことであろうと思います。（栃木県足利郡三和村板倉。『郷土研究』二編）

土地の古くからの言い伝えと、それをきく人の考えとがくいちがった時には、話はこういうふうにだんだんとめんどうになります。だいいしが世に名高い高僧のことだとなってしまうと、またひとり別に姥のそばへ、愛らしい若児をつれてきておかねばならなかったのであります。あんまり気味のわるい話が多いから、くわしいことはいわぬつもりですが、日本でよくいう産女《うぶめ》の霊の話なども、もとはただ道のかたわらにまつった母と子の神でありました。姿がよわよわしい赤んぼのようでも、神様の子であったゆえにふしぎな力がありました。道を通る人にむかって、だいてくれだいてくれと母親がいうので、しばらくだいているとだんだんに重くなる。その重いのをじっとがまんをしていた人は、かならず宝をもらい、または大力をさずけられたのであります。それが後には、またある大師に行きあうて、かえってその法力をもって救われたという話に変わってきて、産女は普通の人の幽霊のごとくなってしまいました。しかし幽霊が子供づれでくるのもおかしいことですし、福を与えるというのも、ますます似合いません。これには何かほかの理由があったのであります。土地によって、夜泣《よな》き松または夜泣き石などといって、ま夜なかに橋のたもとや坂の口で、赤子の泣く声がするという話もありますが、それをおそろしいことと考えずに、村にお産のある知らせだなどという土地もあります。あるいはまた一人の女があって、夜になると赤んぼが泣くのに困った。その松の木の下にいって立っていると、行脚の僧が通りかかって抱いてくれた。そうして松の木枝を火にともして、その光を子供に見せると泣きやんだ。それから後この松の下に神をまつり、また夜泣きをする子の家では、その小枝を折ってきて燈《ともし》の火にするという所もあります。九州の宇佐八幡《うさはちまん》の付近では、弘法大師といわずに、この僧を人聞菩薩《にんもんぼさつ》とよんでおります。人聞菩薩は八幡菩薩がかりにこのような姿をして、村々をお歩きなされるのだという人もありましたが、こんな奇妙な僧の名もあるまいと思いますから、私などはそれを人の母、すなわち人母《にんも》という言葉が、この神の信仰について、古く行なわれていたなごりであろうと思っています。子安という母と子との神は、今でも関東地方にはほうぼうにまつっています。けだかい婦人が子をだいた石の像であります。姥というのはただ女の人のことでありました。親の妹を叔母《おば》というのも、またはのちのち叔母になるべき二ばんめ以下の娘を、小娘のうちからおばといなかでいっているのも、もとは一つの言葉でありました。それを老女のように考え出したために、しまいには三途河《そうずか》の婆様のような、おそろしい石の像になったのであります。仏教が日本にはいってくるより前から、子安の姥の神は清い泉のほとりにまつられていました。弘法大師が世を去ってから千年ののちまでも、なお新たなる清水はつねに発見せられ、いわゆる大師の井戸、御大師水の伝説は、すなわちこれにともなうて流れてゆきます。生きて日本のいなかを今もめぐっている者は、むしろわれわれの御姥子《おんばこ》様でありました。それだからこの神を、路のかたわら、峠の上やひろい野はずれ、旅人のよろこびくむ泉のほとりにまつり、また関の姥神という名もおこったので、熱田《あつた》の境川のおんばこ堂なども、もとはこういう姥と子をまつっていたからの名であろうと思います。箱根の姥子《うばこ》も古い伝説は人が忘れていますが、きっとあの温泉の発見について、一つの物語があったのです。なお皆さんも気をつけてごらんなさい、古くからの日本の話には、まだまだいくらでも美しいかしこい児童が、姥とつれだって出てくるのであります。

片目の魚

このつぎには子供とは関係はありませんが、池の伝説のついでに、片目の魚の話をすこししてみましょう。どうして魚類に一つしか目のないのができたものか。まだ私たちにもほんとうのわけはよくわかりませんが、そういう魚のいるのはたいていはお寺の前の池、または神社のわきにある清水です。東京にいちばん近い所では上高井戸《かみたかいど》の医王寺《いおうじ》、ここの薬師様には目のわるい人がよくおまいりをしに来ますが、そのおりにはいつも一ぴきの川魚をもって来て、お堂の前にある小さな池に放すそうです。そうするといつの間にか、その魚は片目をなくしているといいます。夏のころ出水の際などに、池の下流の小さな川で、片目の魚をすくうことがおりおりありますが、そんな時にはこれはお薬師様の魚だといって、かならずふたたびこの池に持ってきて放したということです。(東京府豊多摩郡高井戸村上高井戸。『豊多摩郡誌』)

上州曾木《そぎ》の高垣《たかがき》明神では、社の左手に清い泉がありました。ひでりにもかれず、なが雨にもにごらず、一町(約百九メートル)ばかり流れて大川に落ちますが、そのあいだに住む鰻《うなぎ》だけは、みな片目であった。それが川へはいると、またふつうの目二つになるといいましたが、それでもこの明神の氏子は、鰻だけはけっして食べなかったそうです。（群馬県北甘楽《きたかんら》郡《ぐん》富岡町曾木。『山吹日記』）

甲府の市の北にある武田家城址《じょうし》の濠《ほり》のどじょうは、山本勘助《やまもとかんすけ》にてみな片目であるといいました。どじょうが片目であるばかりでなく、古府中《こふちゅう》の奥村という旧家は、その山本勘助の子孫であるゆえに、代々片目であったという話もありましたが、じっさいはどうであったか知りません。（山梨県西山梨郡相川村。『共古日録』その他）

信州では戸隠雲上寺《とがくしうんじょうじ》の七不思議のひとつに、泉水にすむ魚類、ことごとく片目なりといっていました。また赤阪の滝明神の池の魚も、片目が小さいか、またはつぶれていました。神が祈願の人に霊験をしめすために、そうせられるのだといっております。（長野県小県《ちいさがた》郡殿城村《ぐんとのしろむら》。『日本伝説叢書』）

越後にも同じ話がいくつもあります。長岡の神田町では人家の北裏手に、三盃池という池がもとはあって、その水にすむ魚鼈《うおすっぽん》はみな片目で、食べると毒があるといって、とる者がなかった。古志《こし》郡宮内《みやうち》の一王神社の東には、街道をへだてて田のなかに十坪（約三十三平方メートル）ほどの沼があり、そこの魚類もみな片目であったそうです。昔このお社の春秋の祭りに、魚のおそなえ物をしたお加持《かじ》の池のあとだからといっております。四十年ほど前に田にひらいてしまって、もうこの池も残っていません。それから北魚沼《きたうおぬま》郡の堀之内の町には、山の下に古奈和沢《こなわざわ》の池という大池があって、その水をひいて町じゅうの用水にしていますが、この池の魚もことごとく片目であるといいました。とらえてこれを殺せばたたりがあり、家にもってきて器のうちにおいても、その晩のうちに池に帰ってしまうという話もありましたが、じっさいは殺生《せっしょう》禁制で、誰もそんなことをこころみた者はなかったのであります。（新潟県北魚沼郡堀之内町。『温故之栞』）

　青森県では南津軽の猿賀《さるが》神社のお池などにも、いまでも片目の魚がいるということで、「皆みんなめっこだあ」という盆踊りの歌さえあるそうです。私の知っているのでは、これがいちばん日本の北のはしでありますが、もちろんさがせばそれより北にもたくさんにあるはずであります。（青森県南津軽郡猿賀村。『民族』）

　それからこちらへ来ると話は多くなるばかりで、とても一つ一つあげていることはできませんから、私はただ片目になった原因を、土地の人たちがなんと言い伝えていたかということだけを、皆さんといっしょに考えてみようと思います。そのなかで早くから知られていたのは、摂津《せっつ》の昆陽池《こやのいけ》の片目《かため》鮒《ふな》で、これは行基菩《ぎょうきぼ》薩《さつ》という奈良朝時代の名僧と関係があり、話はすこしばかり弘法大師の杖《つえ》立て清水ににています。行基が行脚をしてこの池のほとりを通った時に、死にかかっているきたない病人が道に寝ていて、魚を食べさせてくれといいました。かわいそうだと思って、長洲《ながす》の浜にでて魚を買いもとめ、僧ではあるが病人のためだから、自分で料理をしてすすめますと、先に食べてみせてくれというので、それをがまんをしてすこし食べてみせました。そうしているうちに、そのきたない乞食は薬師如来の姿をあらわし、私は上人の行ないをためしてみるために、かりに病人になってここに寝ていたのだといって、有馬《ありま》の山の方へ、金色の光をはなって飛び去ったということであります。行基はそのふしぎにびっくりして、残りの魚の肉を昆陽池にはなしてみると、そのひときれずつがみな生きかえって、今の片目の鮒になった。それで後にはこの池の魚を神にまつって、行波明神《ぎょうは》と名づけて拝んでいるというのでありました。あんまり事実らしくない話ではありますが、土地の人たちはながくこれを信じて、網をおろさず、またつり糸をたれず、この魚をたべる者はわるい病になるといって、おそれていたそうであります。（兵庫県川辺《かわべ》郡稲野《いなの》村昆陽《こや》。『諸国俚人談』その他）

またある説では、行基は三十七歳の年に、故郷の和泉《いずみ》国へ帰って来ますと、村の若い者は法師をためしてみようと思って、鮒のなますをつくっておいて、むりにこれを行基にすすめた。行基はそれを食べてしまって、のちに池の岸に行ってそれをはき出すと、なますの肉は皆生きかえって水の上を泳ぎまわった。その魚が今でもすんでいる。家原寺《いばらじ》の放生《ほうしょう》池《いけ》というのがその池で、それだから放生池の鮒は、みな片目だといいました。しかしなますになってから生きかえった魚ならば、それがどうして片目になるのかは、ほんとうはまだ誰にも説明することができません。（大阪府泉北郡八田荘村家原寺。『和泉名所図会』等）

これとまったくおなじ話は、また播州加古川《ばんしゅうかこがわ》の教信寺の池にもありました。加古の教信という人は、信心ぶかい念仏者でありましたが、やはりむりにすすめられたので、しかたなしに魚の肉を食べ、あとではき出したのが生きかえって、ながくこの池の片目の魚になったといいました。寺ではその魚を上人魚《しょうにんうお》といったそうですが、それは精進魚《しょうじんうお》のあやまりかと思います。そうしてこの池を教信のほった池だという点は、行基の昆陽池の話よりも、いまいちだんとお大師水に近いのであります。（兵庫県加古郡加古川町。『播磨鑑』）

しかし魚が片目になった理由には、まだこのほかにもいろいろの話があります。たとえば下野《しもつけ》上《か》三川《みのかわ》の城あとの堀の魚は、一ぴき残らず目が一つでありますが、これは慶長二年の五月に、この城がせめ落とされたとき、城主今泉但馬守《いまいずみたじまのかみ》の美しい姫が、懐剣で目をついて外堀《そとぼり》に身をなげて死んだ。その因縁によって、今でもその水にいる魚が片目だというのであります。この「因縁」ということも、昔の人はよくいいましたけれども、どういうことを意味するのか、まだたしかにはわれわれにわかりません。（栃木県河内郡上三川町。『郷土光華号』）

そこでなお多くの因縁の例をあげてみると、福島の市の近くの矢野目《やのめ》村の片目清水という池では、鎌倉権五郎景政《かまくらごんごろうかげまさ》が戦場で目を傷つけ、この池に来て傷をあらった。そのとき血が流れて清水にまじったので、それで池に住む小魚は、どれもこれも左の目がつぶれている。片目清水の名はそれから出たといいます。（福島県信夫《しのぶ》郡《ぐん》余目村南矢野《あまるめむらみなみやの》目《め》。『信達一統志』）

鎌倉権五郎は、八幡太郎義家の家来です。十六の年に奥州の軍《いくさ》にでて、敵の征矢《そや》に片方の目を射られながら、それを抜かぬ前に答《とう》の矢を射かえして、その敵を討ちとったという勇猛な武士でありましたが、その目の傷をあらったという池があまりに多く、その池の魚がどこでも片目だといっているだけはふしぎです。その一つは羽後《うご》の金沢という町のある流れ、そこでは権五郎の魂が、死んで片目の魚になったというそうです。ここは昔の後三年の役《えき》の、金沢の柵《さく》のあった所だといいますから、ありそうなことだと思う人もあったか知れませんが、鎌倉権五郎景政は長生きをした人で、けっしてここへ魂を残していくはずはないのでありました。(秋田県仙北郡金沢町。『黒甜瑣語《こくてんさご》』)

つぎに山形県では最上《もがみ》の山寺のふもとに、一つの景政堂があってそこを鳥海《とりのうみ》の柵《さく》の址《あと》だといいました。権五郎が眼の傷をあらった池というのがあって、同じく片目の魚がすんでいました。どうしてこのお堂ができたのかわかりませんが、付近の村では田に虫がついたときに、この堂から鉦太鼓《かねたいこ》をならして虫追いをすると、たちまち害虫がいなくなるといっておりました。(山形県東村山郡山寺村。『行脚随筆』)

また荘内《しょうない》の平田《ひらた》の矢流川《やだれがわ》という部落には、古い八幡の社があって、その前の川でも権五郎が来て目をあらったといっています。そうしてその川のかじかという魚は、これによってみな片目であるという伝説もありました。(山形県飽海《あくみ》郡《ぐん》東平田村北沢。『荘内可成談』等)

こうして福島県の片目清水までくる途中には、まだほうぼうに目をあらう川や池があったのですが、おどろくべきことには権五郎景政は、遠く信州の南の方の村に来て、やはりその目をあらったという話が、伝わっているのであります。信州飯田からすこしはなれた上郷村《かみさと》の雲彩寺《うんさいじ》の庭に、杉の大木の下からわいている清水がそれで、そのためにそこにいるいもりは、左の目がつぶれているといいます。清水の名はうらみの池、どういううらみがあったかはわかりませんが、権五郎はしばらくこの寺にいたことがあるというのであります。（長野県下伊那郡上郷村。『伝説の下伊那』）

なにかこれには思いちがいがあったことと思われますが、またこういう話もあります。作州美野《さくしゅうみの》という村の白壁の池は、いかなる炎天にも乾《ひ》たことのないものすごい古池で、池には片目の鰻《うなぎ》がいるといいました。むかし一人の馬方が馬に茶臼《ちゃうす》をつけて、池のつつみを通っていて水に落ちて死んだ。その馬方がすがめの男であったゆえに、それが鰻になって、また片目であるという話であります。今でも雨のふる日などに、じっと聞いていると、池のそこで茶臼をひく音がするなどといいました。（岡山県勝田郡吉野村美野。『東作誌』）

越後には青柳《あおやなぎ》村の青柳池といって、伝説の上では、かなり有名な池があります。この池の水の神は大蛇《だいじゃ》で、おりおり美しい女の姿にばけて、市へ買いものに出たり、町のお寺の説教を聞きに来たりするといったのは、おおかた街道のすぐわきにこの池があったために、そこを往来する遠くの人までが評判にしていたから、こういう話ができたのであろうと思います。むかし安塚《やすづか》の城の殿様杢太《もくた》という人が、市にあそびに出て、この美しい池の主《ぬし》を見そめました。そうしてつれられてとうとう青柳の池にはいって、戻らなかったということで、この杢太殿が、また目一つであったところから、いまにこの池の魚類は一方の目に、曇りがあると言い伝えております。（新潟県中頸城《なかくびき》郡《ぐん》櫛池《くしいけ》村《むら》青柳《あおやなぎ》。『越後国式内神社案内』）

池の主の大蛇は、水のなかにばかりすんでいて、へびともまるでちがったおそろしい生き物でありました。そういう物がじっさいにいたかどうか、今ではたしかなことはもうわからなくなってしまいました。絵などにかく人は、もちろん大蛇を見たことのないものばかりで、しかたなしにこれを大きな蛇のようにかくので、だんだんにそう思う人が多くなりましたが、この大蛇の方は水の底にいて、すべての魚類の主君のごとく考えられておりました。片目の杢太殿が池の主に聟《むこ》入りをして、自分も大蛇になったといえば、魚類はその一門だからだんだんかぶれて、目が一つになろうとしているのだと、想像する人もあったわけであります。

静岡市の北の山あいにある鯨の池の主は、長さ九尺の青竜《せいりゅう》であったといい、または片目の大きなまだら牛であったともいいますが、ばけるのですから、なんにでもなることができるわけです。昔水見《みずみ》色《いろ》村の杉橋長者のひとり娘が、高山の池の主にだまされて、水の底へつれていかれようとしたので、長者は大いにおこって、何百人の下男人夫をさしずして、その池の中へあまたの焼け石を投げこませると、池の主は一眼を傷ついて、にげて鯨の池にひき移ってしまいました。それから以後、この鯨の池の魚は、ことごとく片目になったというのは、とんだめいわくなおつき合いであります。（静岡県安倍郡賤機村。『安倍郡誌』）
また、池の主は領主の愛馬をひきこんだので、多くの鋳物師《いもじ》をよんで来て、鉄をとかして池のなかへ流したともいいますが、どちらにしてもそれがちょうど一方の目を傷つけ、さらに魚なかま一同の片目のもとになったというのは珍しいと思います。ところがこういう話は、まだほかにもおりおりあります。同じ安倍《あべ》郡の玉川村、長光寺という寺の前の池でも、池の主の大蛇が村の子供をとったので、村民がおこって多くの石をなげこむと、それがあたって大蛇は片目をつぶし、それからは池の魚もみな片目になっているといいました。
蛇が片目という伝説も、またほうぼうに残っているようであります。たとえば佐渡の金《きん》北《ぼく》山のひとつの谷では、昔順徳《じゅんとく》天皇がこの島においでになったころ、この山路で蛇をごらんなされて、こんないなかでも蛇はやっぱり目が二つあるかと、ひとりごとにおおせられましたところが、そのお言葉におそれ入って、以後この谷の蛇だけはことごとく片目になりました。それで今でも御蛇河内《おへびこうち》という地名になっているのだといいます。加賀の白山《はくさん》のふもとの大杉谷の村でも、赤瀬という一部落だけは、小さな蛇までがみな片目であるといっています。岩屋の観音堂の前の川に、やすなが淵という淵がもとはあって、その主は片目の大蛇であったからということであります。
昔赤瀬の村に住んでいたやす女《な》という者は、すがめのみにくい女であって男に見すてられ、うらんでこの淵に身をなげて主になった。それがときおり川下の方へおりてくると、かならず天気があれ、大水が出るといっておそれました。やす女の家は、もと小松の町の、本蓮寺《ほんれんじ》という寺の門徒であったので、この寺の報恩講には今でも人に気づかれずに、やす女が参詣《さんけい》して聴聞《ちょうもん》のむれのなかにまじっている。それだから冬の大雪のなかでも、毎年このごろには水が出るのだといい、また雨風のつよい日があると、今日は赤瀬のやすなが来そうな日だともいったそうであります。（石川県能美《のみ》郡《ぐん》大杉谷村《おおすぎだにむら》赤瀬《あかせ》。『三州奇談集』）

すがめのみにくい女といい、夫に見すてられたうらみということは、昔話がもとであろうと思います。おなじ話はあまりに多く、またほうぼうの土地に伝わっているのでありす。京都の近くでも、宇治《うじ》の村のある寺に芋を売りにきた男が門をはいろうとすると、片目のつぶれた一すじの蛇がきて、まっすぐになって方丈の方へゆくのを見ました、なんだかおそろしくなって、荷をすてて近所の家にいって休んでいましたが、ちょうどその時に、しばらく病気で寝ていた寺の和尚《おしょう》が死んだといってきました。この僧も前に片目の尼を見すてて、そっとここに来て隠れていたのが、とうとう見つかってその霊にとり殺されたのだといいました（『閑田耕筆』）。あるいはまた身よりも何もない老僧が死んでから、いつも一ぴきの片目の蛇が、寺のうしろの松の木の下に来てわだかまっている。あまりふしぎなので、その下をほってみると、たくさんの小判が隠してうめてあった。それに思いが残って蛇になって来ていたので、その老僧がやはり片目であったという類の話、こういうのは一つ話というもので、一つの話がもとはどこへでも通用しました。なかにはわざわざ遠い所から、人がはこんできたものもありましたが、それがいかにもほんとうらしいと、後には伝説のなかに加え、または今までの伝説とむすびつけて、だんだんにわれわれの村の歴史を、にぎやかにしたのであります。人が死んでから蛇になった。または金沢の鎌倉権五郎のように、魂が魚になったということは信じられぬことですけれども、両方ともに左の目がなかったというと、はやそれだけでも、もしやそうではないかと思う人ができるのです。しかしそれならばべつに目とかぎったことはない。またお社の前の池の鯉鮒鰻《こいふなうなぎ》ばかりを片目だというわけはないのであります。何か最初から目の二つあるものよりも、片方しかないものをおそろしく、またたいせつに思うわけがあったので、それで伝説の片目の魚、片目の蛇の言い伝えがはじまり、それにいろいろの昔話が、後から来てくっついたものではないか。そういうことが、いま私たちの問題になっているのであります。

歴史の方でも伊達政宗《だてまさむね》のように、独眼竜《どくがんりゅう》といわれた偉人は少なくありませんが、伝説では、ことに目一つの人が尊敬せられています。そのなかでも前にいった山本勘助などは、武田家いちばんの智者《ちしゃ》であったように伝えられていますが、これがすがめで、またちんばでありました。鎌倉権五郎景政のごときも、記録には若くていくさに出て眼を射られたというよりほかに、何事も残ってはいないのに、早くから鎌倉の御霊《ごりょう》の社にまつられていました。九州ではまたほうぼうの八幡のお社に、景政の霊がいっしょにおまつりしてあるのです。

奥羽《おうう》地方の多くの村の池で、権五郎が目のきずを洗ったという話があるのも、もとはやはり目をいられたということを、尊敬していたためではないかと思います。そうすると、片目の魚といって、ほかのふつうの魚と差別していたのも、かならずなにかそれと似たようなわけがあったので、女の一念だの、池のうらみだのというのは、ちょうど池のほとりの子安神に、「姥母《うば》かいない」の話を持ってきたとおなじことで、後にいくつもの昔話をつなぎ合わせたものらしいのであります。

つまり以前のわれわれの神様は、目の一つあるものがおすきであった。あたりまえに二つ目をもった者よりも、片目になったものの方が、いちだんと神にしたしく、つかえることができたのではないかと思われます。片目の魚が神の魚であったというわけは、ごくかんたんに想像してみることができます。神におそなえもうす魚は、川や湖水からとってきて、すぐにさしあげるのはおそれ多いから、当分の間、清い神社の池にはなしておくとすると、これをふつうのものと差別するためには、一方の目を取っておくということができるからであります。じっさい近ごろのお社の祭りに、そんな乱暴なことをしたかどうかは知りませんが、片目の魚をとって食べぬこと、食べると悪いことがあるといったことは、そういう古いときからの習わしがあったからであろうと思われるのみならず、また話にはいろいろ残っております。たとえば近江の湖水の南の磯崎明神では、毎年四月八日の祭りの前の日に、網をおろして二ひきの鮒をとらえ、ひとつは神前にそなえ、他のひとつは片面のうろこを取ってしまって、いま一度湖にはなしてやると、翌年、四月七日に網にはいってくる二ひきのうち、一つはかならずこの鮒であるといいました。そんなことができるかどうかは疑わしいが、とにかくに目じるしをつけて一年はなしておくという話だけではあったのです。

また天狗《てんぐ》様は魚の目がすきだという話もありました。遠州の海にちかい平地部では、夏になると水田の上に、夜分多くの火が高く低くとびまわるのを見ることがある。それを天狗の夜とぼしといって、山から天狗がどじょうを捕りにくるのだといいました。そのことがあってからしばらくの間は、みぞや小川のどじょうに目のないのがいくらもいたそうで、それは天狗様が目の玉だけをぬいてゆかれるのだといっていました。これと同じ話は沖縄の島にも、また奄美《あまみ》大島《おおしま》の村にもありました。沖縄ではきじむんというのが山の神であるが、人間と友だちになって海に魚つりにゆくことを好む。きじむんと同行してつりをすると、とくに多く獲物《えもの》があり、しかもかれらはただ魚の目だけを取って他は持って行かぬから、たいそう都合がよいという話もありました。

また宮城県の漁師の話だというのは、金華山《きんかざん》の沖でとれる鰹《かつお》は、かならず左の目が小さいか、つぶれている。これは鰹が南の方から金華山のお社の燈明の火を見かけて泳いでくるからで、漁師たちはこれを鰹の金華山詣《まい》りというそうであります。かならずといったところが、いちいちしらべてみることはできるものではありません。人がそう思うようになった原因は、やはり神様は片目がお好きということを、知っていた者があった証拠だと思います。

それからまた、お社の祭りの日に、魚の目をついて片目にしたという話も残っています。日向《ひゅうが》の都万《つま》神社のお池、花玉川《はなたまがわ》の流れには片目の鮒がいる。大むかし、木花開耶姫《このはなさくやひめ》の神が、このお池の岸にあそんでおいでになった時、神様の玉《たま》の紐《ひも》が水におちて、池の鮒の目をつらぬき、それから以後片目の鮒がいるようになった。玉紐落《たまのひもおつ》と書いて、この社ではそれをふなと読み、鮒を神様の親類というようになったのは、そういう理由からであるといっております。（宮崎県児湯《こゆ》郡《ぐん》下穂《しもほ》北《きた》村《むら》妻《つま》。『笠狭大略記《かささたいりやくき》』）

加賀の横山の賀茂《かも》神社においても、むかしまだ以前の土地にこのお社があった時に、神様が鮒のすがたになって、御手洗《みたらし》の川で、おもしろく遊んでおいでになると、にわかに風がふいて岸の桃の実がおちて、その鮒の目にあたった。それからふしぎがおこって夢のお告げがあり、社を今のところへ移してくることになったという言い伝えがあります。神を鮒のすがたというのは変な話ですが、お供えものの魚は後に神様のおからだの一部になるのですから、あげない前から尊いものと、昔の人たちは考えていたのであります。それがまた片目の魚を、おそれてふつうの食べものにしなかったもとの理由であったろうと思います。（石川県河北《かほく》郡《ぐん》高松村横山。『明治神社誌料』）

昔の言葉では、こうしてひさしい間、神にそなえた魚などを生かしておくことを、いけにえといっておりました。神様がますますあわれみぶかく、また魚味をお好みにならぬようになって、いつまでも片目の魚がお社の池のなかに、泳ぎ遊んでいることになったのでありますが、魚を片目にする儀式だけは、もっと後までも行なわれていたのではなかろうかと思います。俎岩《まないたいわ》などというなまえの平石が、おりおりは神社にちかい山川の岸に残っていて、そこでお供えものを調理したようにいっています。備後《びんご》の魚ヶ池という池では、水のほとりに大きな石が一つあって、それを魚ヶ石となづけてありました。この池の魚類にも片目のものがあるといい、村の人はひでりの年に、ここに来て雨乞《あまご》いのお祭りをしたそうであります。（広島県世羅郡神田村蔵宗《せらぐんかんだむらくらむね》。『芸藩通志《げいはんつうし》』）

阿波《あわ》では福村の谷の大池のなかに、周囲九十尺（約二十七メートル）、水上の高さ十尺（約三メートル）ばかりの大岩があって、この池でも鯉鮒をはじめとし、小さなじゃこまでが、のこらず一眼であるといっています。その岩の名をいまでは蛇《へび》の枕《まくら》とよび、月輪兵部殿《つきのわひょうぶどの》という武士が、むかしこの岩の上にあそんでいた大蛇を射て、左の目を射ぬき、一家ことごとくたたりをうけて死にたえた。その大蛇のうらみがながくとどまって、池の魚がいつまでも片目になったのだといいますが、これもまた二つの話をむすびあわせたものだろうと思います。（徳島県那賀郡《なかぐん》富岡町福村。『郷土研究』一編）

大蛇といったのは、むろんこの池の主のことで、片目の鯉鮒はそのまつりのためのいけにえでありました。それと、ある勇士が水の神とたたかって、はじめに勝ち、後にまけたという昔話と、混同して新しい伝説ができたのかもしれません。しかしこういう池の主にはかぎらず、神々にも目の一箇《こ》しかない方があるということは、非常に古くから言い伝えていた物語であります。どうしてそんなことを考え出したかはわかりませんが、少なくともそれがいけにえの目を抜いておいたということと、ふかい関係があることだけはたしかであります。それだから、また目の一方の小さい人、あるいはすがめの人が、特別に神から愛せられるように思うものがあったのであります。大蛇が目を抜いて人に与えたという話は、ひろく国々の昔話になって行なわれております。そのなかでも肥前《ひぜん》の温泉嶽《うんぜんだけ》の付近にあるものは、ことにあわれで、また児童と関係がありますから、一つだけここに出しておきます。昔この山のふもとのある村に、一人の狩人《かりゅうど》が住んでいましたが、その家へ若い美しい娘が嫁にきまして、それがほんとうは大蛇でありました。赤ん坊が生まれる時に、のぞいてはいけないといったので、かえって不審に思ってのぞいて見ますと、おそろしい大蛇がとぐろをまいて、生まれ子をかかえていました。それがまた女になって出てきまして、すがたを見られたから、もう行かなければならなくなった。子供が泣くときにはこの玉をなめさせてやってくださいといって、自分で右の目をぬいておいてお山の沼へ帰っていきました。それを宝物のようにたいせつにしておりましたが、その評判が高くなって殿様に取り上げられてしまい、赤ん坊がおなかがすいて泣きたてても、なめさせてやることができません。困りきって親子の者が山へのぼり、沼の岸に出て泣いていると、にわかに大浪《おおなみ》がたって片目の大蛇があらわれ、くわしい話を聞いて残った左の方の目の玉をぬいてくれます。よろこんでそれをもらって来て、子供をそだてているうちに、その玉も殿様に取り上げられます。もうしかたがないから身をなげて死のうと思って、またおなじ沼へやって来ますと、こんどは盲の大蛇が出てきて、その話を聞いてひじょうにおこりました。そういうひどいことをするなら、しかえしをしなければならぬ。二人は早くにげて、何々というところへおいでなさい。そこではよい乳をもらうことができるからといって、親子の者をすぐに返しました。そうしてその後でおそろしい噴火があって、山がくずれ、田も海も埋まったのは、この盲の大蛇のしかえしであったというのです（『筑紫野民譚集』）。遠州の有玉郷《あらたまごう》では、天竜川《てんりゅう》の大蛇を母にして生まれた子が、二つの玉をもらってそれを持って出世をした話が、古くからあったようですが、目を抜いたということは、そこではいわなかったと思います。（『遠江国風土記伝』）

何にもせよ、目が一つしかないということは、ふしぎなもの、またおそるべきもののしるしでありました。奥州の方では、一つまなぐ、東京では一つ目小僧などといって、顔のまんなかに目の一つあるおばけを、想像するようになったのもそのためですが、最初日本では、片目の鮒《ふな》のように、二つある目の片方がつぶれたもの、ことにわざわざ二つの目を、一つ目にした力のもとを、おそれもし、また貴みもしていたのであります。だから月輪兵部が、大蛇の目を射ぬいたという話なども、ことによると別にいま一つ前の話があって、その後の勇士のしわざに、まちがえてしまったのではないかと思います。

飛驒《ひだ》の萩原《はぎわら》の町の諏訪《すわ》神社では、またこういう伝説もあります。今から三百年あまり以前に、金森《かなもり》家の家臣佐藤六左衛門《さとうろくざえもん》というつよい武士がやって来て、主人の命令だからぜひこの社のあるところに城をきずくといって、御神体をとなりの村に移そうとした。そうすると、神輿《みこし》がおもくなって少しもうごかず、また一つの大きな青大将が、社の前にわだかまって、なんとしてものきません。六左衛門このていを見て大いにいきどおり、梅の折り枝を手にもって、蛇をうってその左の目を傷つけたら、蛇は隠れさり、御輿は事故なく動いて、御遷宮をすませました。ところがその城の工事のまだ終わらぬうちに、大阪にいくさがおこって、六左衛門は出ていってうち死をしたので、村の人たちもよろこんで城の工事をやめ、ふたたびお社をもとの土地へむかえました。それからのちは、おりおり社の付近で、片目の蛇を見るようになり、村民はこれを諏訪様のおつかいといって尊敬したのみならず、今にいたるまでこの社の境内に、梅の木は一本もそだたぬと信じていたそうであります。(岐阜県益田郡萩原町。『益田郡誌』)

この話なども佐藤六左衛門がやってくるまでは、蛇の目は二つで、梅の木はいくらでも成長していたのだということを、たしかめることはできないのであります。もっと前からこのとおりであったのを忘れてしまって、この時からはじまったように、考えたのかもしれません。わざわざ梅の枝などを折って、しかもお使者の蛇の目だけを傷つけるということは、気のみじかい勇士の佐藤氏が、しそうなことでありません。そればかりでなく、神様が目をついて、それからその植物を植えなくなったという伝説は、意外なほどたくさんあります。その五つ六つをここにあげてみますと、阿波の粟田《あわた》村の葛城《かつらぎ》大明神の社では、むかしある尊いお方が、この海岸に船がかりなされたおりに、社の池の鮒《ふな》をつりに、馬に乗っておでかけになったところが、お馬のあしが藤のつるにからまって、馬がつまずいたので落馬なされ、男竹《おたけ》でお目をついておいたみははげしかった。それゆえに今にこの社の神には目の病をいのり、氏子の四つの部落では、池には鮒がすまず、藪には男竹がはえず、馬をおくとかならずたたりがあるといいました。（徳島県板野《いたの》郡《ぐん》北灘《きたなだ》村《そん》粟田《あわた》。『粟の落穂』）

美濃《みの》の太田では、氏神の加茂県主《かもあがたぬし》神社の神様がおきらいになるといって、五月の節供《せっく》にも、もとは粽《ちまき》を作りませんでした。大むかし、加茂様が馬にのって、たたかいにゆかれた時に、馬から落ちて薄《すすき》の葉で目をおつきなされた。それゆえに氏子はその葉を忌《い》んで用いないのだといっておりました。（岐阜県加茂郡太田町。『郷土研究』四編）

信州には、ことにこの話が多く伝えられています。小県《ちいさがた》郡当郷《とうごう》村の鎮守は、はじめて京都からおはいりのときに、胡瓜《きゅうり》のつるにひっかかってころんで、胡麻《ごま》の茎で目をおつきになされたということで、全村いまに胡麻を栽培しません。もしこの禁をおかすものがあれば、かならず眼の病になるといっています。松本市の付近でも、宮淵《みやぶち》の勢伊多賀《せいたが》神社の氏子は、屋敷にけっして栗の木を植えず、植えてもしその木がさかえるようであったら、その家は反対におとろえてゆく。それは氏神が昔この地におくだりの時、いがで目をつかれたからだというのです。また島立《しまだて》村の三の宮の氏子のなかにも、神様が松の葉で目をつかれたからといって、正月に松を立ててない家があります。橋場《はしば》稲抜《いなこき》あたりでも、正月は門松のかわりに、柳の木を立てております。昔晴明《せいめい》様というえらい易者が稲抜にきていて、門松で目をついて大きに難儀をした。これからもし松を門に立てるようであったら、その家は火事にあうぞといったので、こうして柳を立てることにしたのだそうです。（長野県南安曇郡安曇村。『南安曇郡誌』）

小谷四箇荘《おだりしかそう》にも、胡麻をつくらぬという部落は多い。氏神が目をおつきになったといい、またはしいて栽培するものは目をやんで、ついたようにいたむともいいました。中土《なかつち》の奉納という村では長芋をつくらず、またぐみの木を植えません。それは村の草分けの家の先祖が、芋のつるにつまずいて、ぐみで眼をさしたことがあるからだといっております。（長野県北安曇郡中土村。『小谷口碑集』）

東上総《ひがしかずさ》の小高《おだか》、東小高の両部落では、むかしからけっして大根を栽培せぬのみならず、たまたま道ばたに自生するのを見つけても、おどろいてご祈禱《きとう》をするくらいでありました。ほかの村々でも、小高の苗字《みょうじ》の家だけは、一様に、大根をつくらなかったということです。これも小高明神が大根にけつまずいて、ころんで茶の木で目をつかれたせいだといいますが、それにしては茶の木の方を、なんともいわなかったのが妙であります。（千葉県夷隅《いすみ》郡千町村小高《ぐんせんちようむらおだか》。『南総之俚俗』）

　中国地方でも、伯耆《ほうき》の印賀村などは、氏神様が竹で目をついて、一眼をおつぶしなされたからといって、今でもけっして竹は植えません。竹の入り用があると山をこえて、出雲の方から買ってくるそうです。（鳥取県日野《ひの》郡印賀《ぐんいんが》村《むら》。『郷土研究』四編）

　近江の笠縫《かさぬい》の天神様は、はじめてこの村の麻畠《あさばたけ》のなかへおくだりなされた時、麻で目をついてひどくお痛みなされた。それゆえにゆく末わが氏子たらん者は、忘れても麻はつくるな、というおいましめで、今に一人としてこれにそむく者はないそうです。（滋賀県栗太郡笠縫村川原。『北野誌』）

　また蒲生《がもう》郡の川合《かわあい》という村では、むかしこの地の領主河井《かわい》右近太夫《うこんだゆう》という人が、伊勢の楠原《くすはら》というところで戦《いくさ》をして、麻畠のなかで討たれたからという理由で、もとは村中で麻だけは作らなかったということです。（滋賀県蒲生郡桜川村川合。『蒲生郡誌』）

　関東地方に来ると、下野《しもつけ》の小中《こなか》という村では、黍《きび》を栽培することをいましめておりますが、これも鎮守の人丸《ひとまる》大明神が、まだ人間であったときに、いくさをしてきずを負い、にげてきてこの村の黍畠の中にかくれ、危難はのがれたが、黍のからで片目をつぶされた。それゆえに神になって後も、この作物はお好みなされぬというのであります。（栃木県安蘇郡旗川村小中。『安蘇史』）

この近くの村々には、いくさに出て目を射られた勇士、その目の疵《きず》をあらった清水、それから山鳥の羽の矢をきらう話などがことに多いのですが、あまり長くなるからもうやめて、このつぎは村の住民が、神様のおつきあいに片目になるという話をすこししてみます。福島県の土湯《つちゆ》は、吾妻《あずま》山のふもとにあるよい温泉で、弘法大師が杖を立てそうな所ですが、村には太子堂があって、若き太子様の木像をまつっております。むかしこの村の狩人《かりゅうど》が、鹿《しか》を追いかけて沢の奥にはいっていくと、ふいに草むらのあいだから、負《おぶ》っていけ負っていけという声がしましたので、たずねてみるとこのお像でありました。おどろいてさっそく背に負って帰って来ようとして、途中でささげのつるにからまってたおれ、自分はけがをせずに、太子様の目を胡麻《ごま》桿《がら》でついたということで、いま見ても木像の片目から、血が流れたようなあとがあるそうです。そうしてこの村に生まれた人は、誰でもすこしばかり片目が細いという話がありましたが、このごろはどうなったかは私はまだきいていません。

（福島県信夫郡土湯村。『信達一統誌』）

目の大きさが両方同じでない人は、思いのほか多いものですが、たいていは誰もなんとも思っていないのです。村によっては、むかし鎮守さまがとなりの村と石合戦《いしがっせん》をして、目をけがなされたからということを、子供ばかりが語り伝えている所もありますが、たいていはもう古い話を忘れています。それでも土湯のように、じっさいそういう御像がのこっているばあいだけは、まちがいながらもまだ覚えていられたのであります。三河の横山と

ったといって、村の御霊《ごりよう》神社には景政をまつり、その子孫だと称する多田野家《ただのけ》が、後々までも住んでおりましたが、ここでも権五郎の眼を射られた因縁《いんねん》をもって、村に生まれた者は、いずれも一方の目がすこしすがめだといっていました。すこしくすがめというのは、一方の目が小さいことです。むかし平清盛《たいらのきよもり》の父の忠盛《ただもり》なども、「伊勢の平氏はすがめなり」といって、笑われたという話がありますが、勇士には片目のごく小さい人はいくらもありました。そうして時によっては、それをじまんにしていたらしいのであります。(福島県安積郡多田野村。『相生集』)

機《はた》織り御前

越後の山奥の大木六《おおぎろく》という村には、村長で神主をしていた細矢《ほそや》というひじょうな旧家があって、その主人がまた代々すがめでありました。むかしこの家の先祖の弥右衛門《やえもん》という人が、ある夏の日に国ざかいの山へ狩りに行って路《みち》をふみまよい、今の巻機《まきはた》山にのぼってしまいました。この山は樹木ふかくしげり、薬草が多く、近いころまでも神の山といって、おそれて人のはいらぬ山でありましたが、弥右衛門はこの深山のなかで、世にも美しいお姫様の機を巻いているのを見かけたのであります。おどろいて立って見ていると、むこうから言葉をかけて、ここは人間が来れば帰ることのできぬ所であるが、その方はしあわせ者で、縁あってわが姿を見た。それでこれから里に下って、永く一村の鎮守としてまつられようと思う。いそいでわれを負うて山をおりていけ、そうしてかならず後を見かえってはならぬといわれました。おおせのとおりにして帰って来る途中、約束にそむいて思わずただ一度だけ、首を右へまげてせなかの神様を見ようとしますと、たちまちすがめとなってしまって、それから以後、この家へ生まれる男子はことごとく一方の目が細いということでありました。今でもそういうことがあるかどうか、私は行ってたずねてみたいと思っています。(新潟県南魚沼郡中之島村大木六。『越後野志』と『温故之栞』)

大木六ではこの姫神を巻機権現ととなえて、いまもひきつづいて村の鎮守として祀《まつ》っているのでありますが、土地によっては神を里中《さとなか》へおむかえ申すことをせず、もとからの場所にこちらからおまいりをして、拝んでいる村がいくらもあります。そうすると参拝する時と人とがわかれわかれになって、もとからあった伝説もだんだんに変わってくるのであります。それで山の神様が女であった。小さな子をつれた姥神《うばがみ》であったということなども、後には忘れてしまったところがずいぶんありますけれども、どうかすると話のたいせつなすじみちから、いつまでもそれを覚えていなければならぬばあいもありました。たとえば静かな谷川の淵《ふち》のなかで、機を織る梭《ひ》の音をきくといい、または人が行くこともできぬような峰の岩に、布をほしたのが遠く見えるというなどはそれで、こういうしごとは男がしませんから、そのために山姥、山姫の言い伝えはなおながく残るのであります。

ことに山姥は見たところはおそろしいけれども、里の人にはいたって親切であって、山路にまよっていると送ってくれる。またおりおりは村におりてきて、機織り苧績《おう》みを手つだってくれるという話もありました。またしあわせの好い人は、山奥にはいって、山姥の苧つくねという物を拾うことがたまにある。その糸はいくら使ってもつきることがないともいいました。また山姥が子をそだてるという話も、けっして足柄《あしがら》山の金太郎ばかりではありません。

以前はどこの国の山にも山姥がいたらしいのですが、今はわずかしか話がのこっておらぬのであります。そうしてその山姥も、もとは水の底に機を織る神と一つであったことは、知っている者がほとんどなくなりました。備後《びんご》の岡三淵《おかみぶち》は、恐ろしい淵があるからできた村の名で、おかいみとは大蛇のことであります。村の山の下には高さ二丈（約六メートル）余もある大岩が立っていて、その名を山姥の布晒《ぬのさら》し岩といい、ときどきこの岩のてっぺんには、白いものがかかってひらめいていることがあるといいました。（広島県双三《ふたみ》郡作木《さくぎ》村《むら》岡三淵《おかみぶち》。『芸藩通志』）

因幡《いなば》国の山奥の村にも、ひじょうにおおげさな山姥の話がありました。栗谷《くりたに》の布晒し岩から、それとならんだ麻尼《まに》の立て岩、箭渓《やだに》の動《ゆる》ぎ石の三つの大岩にかけて、むかしは山姥が布をはってほしていたといいました。この間が二里ばかりもあります。また箭渓の村の西には、山姥の灰汁漉《あくご》しという小さな谷があって、岩の間にはいつも灰汁の色をした水がたまっています。この水でその山姥が布を晒していたというのであります。（鳥取県岩美郡元塩見村栗谷。『因幡志』）

こういう話を子供までが、大笑いをしてきくようになりますと、だんだんと伝説がうそらしくなってきて、山のくずれたところを山姥がふんばった足あとだといったり、小便をしたあとだなどという話もできてきます。土佐の韮生《にろう》の山のなかなどでは、岩にしぜんの溝《みぞ》ができているのを、むかしの山姥が麦をつくっている畝《うね》のあとだといいました。（高知県香美《かみ》郡《ぐん》上《かみ》韮生《にろう》村《むら》柳瀬《やないせ》。『南路志』）

春になると子供がたこをあげるのに、「山の神さん風おくれ」というところもあれば、また「山んぼ風おくれ」といっている土地もあります。いまでは山姥は少年の知り人のように、よびかけられているのであります。ある夕方などに山の方をむいて、大きな声で何かわめくと、すぐにあちらでも口まねをするのを、ふつうにはこだまといいますが、これは山姥がからかうのだと思っていた子供がありました。こだまというのも山の神のことですから、もとはそれを女だと想像していたのであります。

山姥はすこしいじわるだ、いつも子供のいやがるような、にくらしい口ごたえをよくするといって、あまんじゃくという言葉が、すなおでない子のあだなのようになったのも、ほんとうはこの反響がはじめなのであります。前に姥が池の話にいったように、あまんもおまんも姥神さまのことであります。東京のような山から遠い土地でも、むかしは夕焼け小焼けのことを「おまんが紅《べに》」といっておりました。天が半分ほどもまっかになるのを、どこかで山の大女が、紅をとかしているのだといってたわむれたのであります。

この山姥が機を織ったという話が、またいろいろの形に変わって伝わっております。遠州の秋葉の奥山では、山姥が三人の子を生んで、その三人の子がそれぞれ大きな山の主になっているといい、その山姥がまた里近くへ来て、水のほとりで機を織っていたともいいました。秋葉山のお社からすこし後の方に、ふかい井戸があります。この山にはもとよい清水がなかったのを、千年あまり前に、神主が神にいのって、はじめてさずかった井戸だということで、この泉の名を機織りの井というのは、その後奥山の山姥が久良支《くらき》山から出て来て、このかたわらに住んで神様の衣《きぬ》を織り、それを献納していったから、この名になったのだというそうです。そういう言い伝えのある井戸は、まだこの近辺の村には二つも三つもあります。(静岡県周智郡《しゅうちぐん》犬居《いぬい》村領家《むらりょうけ》。『秋葉土産』)

秋葉の山の神は俗に三尺坊さまととなえて、いまでも火難をふせぐ神として拝んでいるのは、おおかたこの尊い泉を、支配する神であったからであろうと思います。山姥とこの三尺坊様とは、一とおりならぬふかい関係があったので、そのお衣を山の姥が来て織ったというのも、それ相応な理由のあることでした。相州箱根の口の風祭《かざまつり》という村は、後に築《つき》地《じ》に持ってきた咳の姥の石像のあったところですが、その近くにも大登山秋葉寺《だいとうざんあきはじ》という寺があって、いつのころからか三尺坊をむかえてまつっています。この寺にも一夜にわきだしたという清水があり、水の底には二つの玉がおさめてあるともいって、雨乞《ご》いの祭りをそこでしました。三百五十年ほど前に、ここへも一人の姥がきて布を織ったことがあるので、井戸の名を機織りの井とよびました。その布に五百文の銭をそえて寺におくり、姥はいずれへか行ってしまいました。その銭はながくこの寺の宝物となって残り、布は和尚が死ぬときに着ていったということであります。(神奈川県足柄下郡大窪村風祭。『相中襍志《ざっし》』)

今でも姥神はつねに機を織っておられるが、それを人間の目にはふつうは見ることができぬのだというところがあります。信州の松本付近では、人が病気になって神おろしという者に考えてもらうと、水神のたたりだという場合が多いそうであります。水神様が水の上に五色の糸を綜《へ》て、機を織って遊んでいられるのを知らずにとびこんで、その糸を切ったりよごしたりすると、腹を立ててたたりなさるのだと、想像している人があったのであります。それがためにときどきは小さな流れの岸などに、御幣《ごへい》をたて五色の糸をはって祀《まつ》ってあるのを、見かけることがあったという話です。（『郷土研究』二編）
戸隠《とがくし》の山のふもとの裾花《すそばな》川の岸には、機織り石という大きな岩があって、そのわきには、梭《ひ》石《いし》、筬石《おさいし》、縢石《ちぎりいし》などと、いろいろ機道具に似たかたちの石がありました。雨が降ろうとする前のころは、この石のあたりでからからという音がするのを、神様が機をお織りになるといったそうで、この音がきこえるとどんな晴れた日も曇り、二、三日のうちにはかならず降り出すといったのは、おそらくもとここで雨乞いをしていたからでありましょう。（長野県上水内《かみみのち》郡《ぐん》鬼無里《きなさ》村岩下《むらいわした》。『信濃奇勝録』）
木曽の野婦《やぶ》池というのもひでりの年に、村の人が雨乞いにゆく池でありました。この池では、ときおり山姥が水の上で、機を織っておるのを見た者があるといいました。この山姥はもと大原という村の百姓の女房であったのが、髪がさかだち角がはえて、しまいに家をとびだして山姥になったといいます。あるいはまた突いていた柳の杖《つえ》を池の岸にさしておいて、水の中へはいってしまったという話もあって、そのあたりに柳の木がたくさんにしげっているのを、山姥の杖が芽を出して大きくなったものだともいっていました。（長野県西筑摩郡日《ひ》義村《よしむら》宮殿。『木曾路名所図会』）

水の底から機を織る音がきこえてくるという伝説なども、土地によってすこしずつは話し方が変わっていますが、さがしてみるとそちこちの大きな川や沼に、同じような言い伝えがあります。羽後の湯の台の白糸沢《しらいとざわ》では、水の神様がつねに機を織っておられるので、夜分まわりがしずかになれば、いつでも梭《ひ》の音がこの淵の方からきこえるといいました。（秋田県北秋田郡阿仁《あに》合町《あいまち》。『雪之飽田根』）

飛騨の門和《かどわ》佐川《さがわ》の竜宮《りゅうぐう》が淵というところでは、むかしは竜宮の乙姫《おとひめ》の機織る音が、たびたび水の底からきこえていたものであった。それがあるとき一人のいたずら者があって、馬の鞦《しりがい》をこの淵へほうりこんでいらい、ぱったりその音を聞くことができなくなったといいます。神代の天の岩屋戸の物語にも、似かようたところのある話であります。（岐阜県益田郡上原村門和佐。『益田郡誌』）

昔は村々のお祭りでも、毎年新たに神様の衣服をつくって、おそなえ申していたようであります。そのためにはもっとも穢《けが》れを忌《い》んで、こういうやや人里をはなれた清き泉のほとりに、機殿《はたどの》というものをたてて若い娘たちに、そのたいせつな布を織らせていたかと思います。その風《ふう》がだんだんにやんで、後には神のおつきの女神が、その役目をなさるように考えてきました。そのわけももうわからなくなって、しまいには竜宮の乙姫様などということになりましたけれども、ここできこえる機の音は竜宮のものでなく、最初から土地の神様の御用でありました。ちょうど片目の魚がいけにえのうちから恐れうやまわれたように、のちのち神の御身につく布であるゆえに、その機の音のするところへは、ただの人の布を織る者は、はばかって近よらぬようにしていたのであります。旧五月ひと月のあいだは、ただの女は機を織ってはならぬといういましめがあり、これをおかす者がきびしく罰せられる村は今でもあります。

安芸《あき》の厳島《いつくしま》などは、島の神が姫神であったためか、むかしは島の内で機をたてることがつねに禁じられてありました（『棚守房顕手記』）。また機道具をもって池のそばを通った女が、おちて死んだという話がほかの村々に多いのも、そのためかと思います。

若狭《わかさ》の国吉山《くによしやま》のふもとの機織り池なども、今はすっかり水田になってしまいましたが、前には水のなかから機織る音がきこえるといいました。まだこの池が大池であったころ、一人の女が機の道具をもって、池の氷の上をわたろうとしたところが、氷がわれて水にはいって死んだ。機織姫神社というのは、その女の霊をまつったのだといっていますが、それはたぶん思いちがいで、この姫神の社もあるほどの池だから、こんなおそろしい話ができたのであろうと思います。（福井県三方郡山東村《さんとうむら》阪尻《さかじり》。『若狭郡県志』）

それよりさらにものすごい話が、近江《おうみ》の比夜叉《ひやしゃ》の池にあります。もとはこの池には水が少なくて、どうすればよいかとうらないをたててみると、一人の女を生きながら池の底に埋めて、水の神にまつるならば、きっと水がもつということでありました。その時に領主の佐々木秀茂《ひでもち》の乳母比夜叉御前《ひやしゃごぜん》が、みずから進んでこの人柱にたち、もっていた機の道具とともに、水の下に埋められました。それからははたしていつも水が池いっぱいあるので、今でも比夜叉女水神《ひやしゃじょすいじん》ととなえて信仰せられています。そうしてま夜中にこの池のわきを通る人は、いつも水の底から機を織る音をきいたということであります。（滋賀県阪田郡大原村池下。『近江輿地志略《おうみよちしりやく》』）

乳母がわざわざ機道具を持って、池の底にはいっていったという点は、いま一つ前からの話の残りであろうと思います。比夜叉という池の名も、もとはおそろしい池の主がいたためらしいのですが、美濃の夜叉池の方でも、やはりそれを大蛇に嫁入りした長者の愛《まな》娘《むすめ》の名であったようにいっています。すなわちこういう伝説は昔話になりやすいのです。昔話のもっともおもしろい部分を、もって来てむすびつけられやすいのであります。

上総の雄蛇《おんじゃ》の池などでも、わかい嫁が姑《しゅうとめ》ににくまれ、機の織りかたが気にいらぬといっていじめられた。そこでこまってこの池に身をなげたという話になっていますが、雨の降る日には水の底から、今でも梭の音がするという部分は伝説であります。もとはこの話はかならずもうすこし池の雄蛇と関係がふかかったのだろうと思います。（千葉県山武《さんぶ》郡《ぐん》大和村山口《やまとむらやまぐち》。『南総乃俚俗《なんそうのりぞく》』）

しかしその昔話の方でも、もし伝説というものがなかったら、こうはおもしろくは発展しなかったのであります。一つの例をいうと、土佐の地頭分《じとうぶん》川の下流、行川《なめがわ》という村にはふかい淵があって、その岸には一つの大岩がありました。むかしある人がこの岩の下にはいってみると、淵の底に穴があってその奥の方で、美しい女が綾《あや》を織っているのを見たという伝説があります。（高知県土佐《とさ》郡十六村《ぐんじゅうろくむら》　行川《なめがわ》。『土佐州郡志』）

この伝説はことにひろく全国に行きわたっておりますが、たいていはこれにともなって気味のわるい、または愉快な話が語り伝えられているのであります。

羽後の小安の不動滝の滝壺《たきつぼ》では、昔あるきこりが山刀をこの淵におとし、水にはいってこれをさがしまわっていると、たちまちあかるい美しい里に出た。御殿があって、その中にはきれいな女の人がいました。山刀はここにあるといってこの男にわたし、二度とふたたびこんなところへは来るな。あのいびきの声を聞きなさい。あれは私の夫の竜神《りゅうじん》の寝息だ。私は仙台の殿様の娘だが、竜神にとられてもうにげ出すことができぬといったという話。これには女が機を織っていたという点が、はやすでに落ちております。（秋田県雄勝《おがち》郡《ぐん》小安。『趣味の伝説』）

ところが私のきいた陸中原台《はらだい》の淵の話では、長者の娘は水の底にひとりで機を織っており、鉈《なた》はちゃんとその機の台木に、もたせかけてあったということで、そうしてうちの親たちに心配をするなという伝言をしたというのです。（岩手県下閉伊《しもへい》郡小国村《ぐんおぐにむら》。『遠野物語』）

さらに岩代《いわしろ》二本松の町の近く塩沢村の機織御前の話などは、またすこしばかり変わっています。むかしある人が川の流れに出て鍬《くわ》を洗っていて、あやまってそれを水中にとり落とした。水底《みなぞこ》にはいってさがしまわっているうちに、とうとう竜宮まで来てしまいました。竜宮では美しいお姫様がただひとり、機を織っていたといいます。久しく待っていたところへようこそおいでといって、たいそうなおとり持ちでありましたが、家のことが気になるので、三日めにいとまごいをして、腰元に路《みち》まで送ってもらって、もとの村に帰って来ました。そうすると三日と思ったのがもう二十五年であった。それから記念のために、この機織御前のお社を建てたという話であります。ただしそれにもまた別の言い伝えはあるので、私はそのことをつぎにお話して、もうおしまいにします。（福島県安達郡塩沢村。『相生集』）

機織御前を織物業の元祖の神として、まつっている地方は多いのであります。その一つは能登《のと》の能登比咩《のとひめ》神社、この神様ははじめて能登国に御兄の神とともにおくだりなされ、神様の御衣服をつくってのちに、その機道具を海中におなげになったのが、今は織具島《おりぐじま》という島になって、富木浦《とぎのうら》の沖にある。この地方の織物業者が、稗《ひえ》のかゆを機糸にぬるのは、もと姫神様のお教えであったといって、今でも四月二十一日の祭礼に、稗粥《ひえがゆ》をつくっておそなえすることになっているそうです。（石川県鹿島郡能登部村《のとべむら》。『明治神社誌料』）

野州の那須では、那須絹の元祖として、綾織池のかたわらに綾織神社を祀っております。大むかし、館野《たての》長者という人が娘の綾姫《あやひめ》のために、綾織大明神を迎えに来たというのが、今の歴史でありますが、その前にはおどろくようなひとつの奇談がありました。この池は今から二百五十年前の山くずれにうずまって、小さなものになってしまったが、もとは有名な大池であった。そのころに池の主が美しい女にばけて、都にのぼってある人の妻となり、綾を織っておいおいに家富み、後にはりっぱな長者になった。あるときこの女房が昼寝をしているのを、夫が来てみると大きなる蜘蛛《くも》であった。それをさわいだので、一首の歌を残して、蜘蛛の女房は逃げて帰った。そうしてこんな歌を残していったというのであります。

　こひしくばたづねて来たれ下野《しもつけ》の那須のことやの綾織りのいけ

　それで夫が跡をおうてたずねて来て、ふたたびこの池のほとりで面会したという話もあります。歌はこの地方の臼《うす》ひき歌になって、ながく伝わっていたといいますから、これもまた那須地方の伝説であったのです。（栃木県那須郡黒羽町北滝字御手谷。『下野風土記』）

　この歌が[10]安倍晴明《あべのせいめい》の母だという葛《くず》の葉の狐《きつね》の話と、同じものだということは誰にもわかりますが、那須の方は子供のことをいっておりません。ところが、歌の文句《もんく》にある那須のことやというのが、もしこのお社のある御手谷《ごてや》のことであるならば、福島地方の絹の神様、小手姫御前《こてひめごぜん》ももとは一つであろうと思いますが、こちらには親子の話があるのであります。小手姫様はいまの飯阪《いいざか》の温泉の近く、大清水の村にまつってあるのがもっとも有名で、土地では機織御前の宮といっております。いろいろの言い伝えがあって、すこしも一致しませんが、今でもよく知られているのは、羽黒山《はぐろさん》の神様蜂子《はちこ》の王子の御母君であって、王子のあとをしたってこの国へおくだりなされ、年七十になるまで各地をあるいて、蚕をやしない、絹を織ることを人民に教え、のちにこの大清水《おおしみず》の池に身をなげて死なれたというのであります。それはとにかくに、社の前には左右の小池があって水いたって清く、いまも村々の人は絹を織れば、その織り留《ど》めをこのお宮に献納するということであります。（福島県伊達郡飯阪町大清水。『信達二郡村誌』）

この小手姫の小手ということばには、なにか婦人の技芸という意味が、あったのではないかと思いますが、いまの小手川村の内には、また布川《ぬのがわ》という部落もあって、小手姫がこの川原に出て、みずから織るところの布をさらしたともいっています。すなわち布を織る姥の信仰の方が、かえってこの地方に絹織物のはじまりよりは古かったようであります。そうすると小手姫を蜂子王子の御母といいはじめた理由も、いくぶんか明らかになります。すなわち王子の御衣服を調製する役として、はやくからともどもにまつっていたのが、後に絹工業がさかんになって、独立してその機織御前だけを、拝むようになったとも見えるのであります。前に申した二本松の機織御前なども、領主の畠山高国《はたけやまたかくに》という人が、この地に狩りをした時、天からくだった織姫に出あって、結婚して松若丸という子がうまれた。その松若丸の七歳の時に、母の織姫はふたたび天に帰り、後にこの社を建てて祀ることになったと、土地の人たちはいっていたそうで（『相生集』）、話はまた那須の綾織池の方とも、すこしばかり近くなってくるのであります。こういうふうにかんがえてくると、機を織る姫神を清水のかたわらにおいて拝んだのも、もとは若い男神に、毎年あたらしい神衣を差し上げたいためであって、どこまで行っても御姥子《おんばこ》様の信仰は、岸の柳のように一つの伝説の流れのすじを、われわれに示しているのであります。

お箸《はし》成長

お箸《はし》を地面にさしておいたら、だんだん大きくなって、大木になったという話がほうぼうにあります。

東京では向島《むこうじま》の吾妻《あずま》神社のわきにある相生《あいおい》の楠《くすのき》もその一つで、根本から四尺（約一・二メートル）ほどのところが二またにわかれていますが、はじめは二本の木であったものと思われます。社の言い伝えでは、むかし、日本 武尊《やまとたけるのみこと》がここで弟橘姫《おとたちばなひめ》をお祀《まつ》りになった時、おそなえ物についた楠《くす》のお箸をとって土の上に立て、末代天下泰平ならば、この箸二本ともしげりさかえよとおおせられました。そうするとはたしてその箸に根がついて、のちにはこんな大きな木になったというのであります。この楠の枝を四角にけずったものを、今でも産をする人がいただいてゆくそうです。それをお箸にして食事をしていれば、かならずお産が軽いと信じた人が多く、またこの木の葉を煎《せん》じてのむと、疫病《えきびょう》をのがれるともいっておりました。（『江戸志』以下。『土俗談語』等）

また浅草の観音堂の後にある大公孫樹《おおいちょう》は、源 頼朝《みなもとのよりとも》がさしていったお箸から、芽をだして成長したものだという言い伝えもありました。（東京市浅草公園。『大日本老樹名木誌』）

頼朝のお箸の木は、これ以外にも、まだ関東地方には、そちこちに残っております。武蔵《むさし》ではまた土呂《どろ》の神明様の社のわきの大杉が、源義経《よしつね》のお箸であったと申します。義経は蝦夷地《えぞち》へわたって行く以前に、一度この村を通って、ここに来て休憩したことがあるのだそうです。そうしてしずかな見沼《みぬま》の風景をながめながら、昼の食事をしたというのでありました。その時に箸を地にさしていったのが芽を生じて、今の大杉になったといっております。（埼玉県北足立郡大砂土村。同書）

武蔵の入間《いるま》郡には椿峯《つばきみね》というところが二ヵ所もあります。その一つは、御国《みくに》の椿峯で、高さ四、五尺（約一・二〜一・五メートル）の塚の上に、古い椿の木が二本あります。これはむかし新田義貞《にったよしさだ》が、この地に陣どって食事をしたときに、お箸につかった椿の小枝をさしておいたのが、後にこのように成育したと言い伝えております。（埼玉県入間郡山口村。『入間郡誌』）

いま一つは山口の北どなりの北野という村の椿峯で、これは新田義興《よしおき》が、椿の枝を箸にして、ここで食事をしたようにいっておりますが、ちょうど村ざかいの山の中に、双方がごく近くにあるのですから、もとは一つの話を二つに分けて言い伝えたものであります。（同郡小手指村北野。同書）

それからいまひとつ外秩父《そとちちぶ》の吾野《あがの》村、子《ね》の権現山ののぼり口に、飯森杉《いいもりすぎ》という二本の老木があります。これは子《ね》の聖《ひじり》という有名な上人が、はじめてこの山にのぼった時に、ここでやすんで、昼餉にもちいた杉箸を地にさしていったと伝えております。こういうふうに人はいろいろに変わっても、いつもお昼の食事をした場所ということになっているのは、何か理由のあることでなければなりません。（埼玉県秩父郡吾野村《あがのむら》南。『老樹名木誌』）

甲州では、東山梨《やまなし》の小屋舗《こやしき》という村に、またひとつ日本武尊のお箸杉という木がありました。それは松尾神社の境内《けいだい》で、熊野《くまの》権現の祠《ほこら》のうしろにある大木でありました。日本武尊の御遺跡というところは、山梨県にはまだほうぼうにありますが、いずれもくわしいことは伝わっておりません。（山梨県東山梨郡松里村。『甲斐国志』）

そこからあまり遠くない等々力《とどろき》村の万福寺《まんぷくじ》という寺にも、親鸞《しんらん》上人のお箸杉という大木が二本あって、それゆえに、また杉の御坊《ごぼう》ともよんでおりましたが、二百年以上も前の火事に、その一本は焼け、残りの一本も後に枯れてしまいました。むかし、親鸞がこの寺に来て滞在し、いよいよ帰ろうかという日に、出立《でたち》の膳《ぜん》の箸をとって、御堂の庭にさしました。阿彌陀《あみだ》如来の大慈大悲には、枯れた木も花が咲く、われわれ凡夫もそのお救いにもれぬ証拠は、このとおり、といってさしてゆきましたが、はたせるかな、いく日もたたぬうちに、その箸がしだいに根をさし芽をふいて、いつしか大木としげりひいでたというのであります。（東山梨郡等々力村《とどろきむら》。『和漢三才図会』以下）

関東では東上総《かずさ》の布施《ふせ》という村の道のかたわらにも、いくかかえもある老木の杉が二本あって、その地を二本杉とよんでおりました。これはまた、むかし源頼朝が、ここを通って安房《あわ》のほうへ行こうとするさいに、村の人たちが出てきて、将軍に昼の飯をすすめました。箸には杉の小枝を折って用いたのを、記念のためにそのあとにさし、それが生えついて、この大木となったといって、そこにも新田義貞の椿峯と同様に、小さい塚になっていたと申します。（千葉県夷隅郡《いすみぐん》布施村《ふせむら》。『房総志料』）

なおこれから四里（約十六キロメートル）ばかり西にあたって、市原《いちはら》郡の平蔵《へいぞう》という村の二本杉にも、同じく頼朝公がお箸をさしてゆかれたという伝説が残っておりました。いつも頼朝であり、また箸であることは、よほど珍しい話といわねばなりません。（千葉県市原郡平三村《へいぞうむら》。『房総志料』続編）

上総では、また頼朝公のお箸は、すすきの茎をもってつくり、食事の後でそれをさしておいたらついたので、今でも六月二十七日の新箸《にいばし》という祭り日には、薄《すすき》を折って箸にすると言い伝えている村があります。（千葉県長生郡高根本郷村宮成。『南総乃俚俗』）

越後などでは、七月二十七日を青箸《あおばし》の日となづけて、かならず青萱《あおがや》の穂さきを箸に切って、その日の朝の食事をする村が多かったそうです。そのいわれは、むかし川中島合戦《かわなかじまかっせん》の時に、上杉謙信《うえすぎけんしん》が諏訪《すわ》明神にいのって、武運思いのとおりであったゆえに、そののちながく諏訪の大祭りの七月二十七日の朝だけは、神のおよろこびなされる萱の穂を、箸に用いることにしたのだといっておるのであります。（『温古乃栞』巻二十）

あるいはまた頼朝は葭《よし》を折って、箸に用いたとも伝えております。上総の畳が池は、八《はち》段歩《たんぶ》（約八十アール）に近い大池でありますが、一本も葭というものがはえません。それは昔頼朝公が、この池の岸で昼の弁当をつかい、葭を折って箸にしたところが、あやまってくちびるを傷つけました。それで腹を立てて葭の箸を池になげこんだので、今でもこの池には葭がそだたぬのだといっております。（千葉県君津郡清川村。『上総国誌稿』）

下総では、印旛《いんば》郡新橋《にっぱし》の葦《あし》が作《さく》というところに、これは頼朝の御家人であった千葉介常《ちばのすけつね》胤《たね》の箸が、成長したという葦原《あしはら》があります。やはりこの池を通行して昼の食事をするのに、葦を折って箸に使い、あとでそれを地面にさしてゆくと、その箸に根を生じて、おいおいに茂ったといい、もとが箸だから今でもかならず二本ずつ、ならんではえるのだと伝えておりました。（千葉県印旛郡富里村新橋。『印旛郡誌』）

安房《あわ》の洲崎《すのさき》の養老寺という寺の庭には、やはり頼朝公の昼飯の箸が成長したと称して、清水のかたわらに薄《すすき》の株がありますが、これは前の話とは反対に、毎年ただ一本だけしか茎が立たぬので、一本薄の名をもって知られておりました。尾花はふつうには何本もいっしょに出ますから、なにか特別の理由がなくてはならぬというふうに、考えられていたものと思われます。（千葉県安房《あわ》郡西岬村《ぐんにしざきむら》。『安房志』）

葦と薄の箸の話は、もうこのほかには聞いておりません。東北地方では、陸中横川目《よこかわめ》の笠松《かさまつ》があります。黒沢尻《くろさわじり》から横手にゆく鉄道の近くで、汽車のなかからよく見える松です。これは親鸞上人のお弟子《でし》の信秋《のぶあき》という人が、やはり甲州の万福寺の話と同じように、仏法の尊いことを土地の人たちにしめすために、食事の箸に使った松の小枝を二本、地面にさしていったのが大きくなったのだといわれております。（岩手県和賀郡横川目村。『老樹名木誌』）

それからまた、越後に来て、北蒲原《きたかんばら》郡分田《ぶんた》村の都婆《つば》の松が、これまた親鸞上人の昼飯の箸でありました。この松は女のすがたになって京都に行き、松女《まつじょ》と名のって本願寺の普請《ふしん》のてつだいをしたというので、ひじょうに有名になっている松であります。（新潟県北蒲《きたかん》原郡分田村《ばらぐんぶんたむら》。『郷土研究』一編）

能登《のと》の上戸《うえど》の高照寺《こうしょうじ》という寺の前に、古くは能登の一本木ともいわれた大木の杉がありました。これは八百年も長命をしたという若狭《わかさ》の白比丘尼《しろびくに》の、昼餉《ひるげ》の箸でありました。白比丘尼は、あるとき目の病にかかって、この寺の薬師如来に、百日のあいだ願がけをしました。そうして信心のしるしに、杉の箸を地に立てたともいっております。この尼は箸ばかりでなく、諸国をめぐって杖《つえ》や椿の小枝をさし、それがみな今は大木になっているのであります。（石川県珠洲《すず》郡上戸村寺社《ぐんうえどむらじしゃ》。『能登国名跡志』以下）

加賀では白山《はくさん》のふもとの大道谷《だいどうだに》の峠の頂上に、また二本杉とよばれる大木があって、これは有名なる泰澄《たいちょう》大師が、昼飯にもちいた箸を地にさしたといっております。ここはちょうど越前と加賀との国ざかいで、峠のむこうは越前の北谷《きただに》、このへんにもいろいろと泰澄大師の古跡があります。（石川県能美《のみ》郡白峰村《ぐんしらみねむら》。『能登郡誌』）

越前では丹生《にゅう》郡の越知山《おちさん》というのが、泰澄大師のひらいた名山の一つであります。泰澄はこの山に住んで、食べ物のなくなったときに、箸を地上にさしたのが成長したといって、大きな檜《ひのき》が今でも二本あります。くわしい話はわかりませぬが、これも信心の力で、やがて食べ物が得られたというのであろうと思います。（『郷土研究』一編）

近江《おうみ》国では、聖徳太子が百済寺《くだらじ》をお建てなされた時に、この寺もし永代に繁昌《はんじょう》すべくば、この箸成長して、春秋の彼岸に花咲けよと祝して、おさしなされたという供御《くご》のお箸が、木になって二本とも残っております。土地の名を南花沢《はなざわ》、北花沢、その木を花の木といっております。楓《かえで》の一種ですが、花が美しく、まだあまりたくさんにはない木なので、このごろはひじょうに注意せられるようになりました。しかし美濃・三河の山中などにも、たまに大木を見かけることがあって、たいていはある尊い旅人が、箸を立てたという伝説をとものうているそうであります。（滋賀県愛知郡東押立村《ひがしおしたてむら》。『近江国輿地志略』以下）

この地方ではいま一つ、さらにおどろくべきお箸の杉が、犬上《いぬがみ》郡の杉阪《すぎさか》というところにあります。大むかし天照大神《あまてらすおおみかみ》が、多賀《たが》神社《じんじゃ》の地におくだりなされた時に、杉の箸をもって昼飯をめしあがり、それをおすてなされたのがさかえたと伝えて、境の山に大木になって、今でもあります。（滋賀県犬上郡脇ヶ《わきが》畑村杉《はたむらすぎ》。『老樹名木誌』）

聖徳太子のお箸の木は、大阪にももとは一本ありました。玉造の稲荷《いなり》神社の地を栗岡《くりおか》山、または栗山といったのは、その伝説があったためで、ここでは栗の木をけずったお箸であったといっております。太子が物部守屋《もののべもりや》とおたたかいなされた時に、このいくさ勝利を得べきならば、この栗の木、今夜のうちに枝葉出《い》ずべしといって、おさしなされたお食事の箸が、はたして翌朝は茂った木になっていたと伝えられます。もちろんふつうにはあり得ないことばかりですが、それだから太子の御勝利は、人間の力でなかったというふうに、以前の人は解釈していたのであります。（明治神社誌料。『芦分船《あしわけぶね》』）

美作《みまさか》大井荘の二つ柳の伝説などは、いたって近ごろの出来事のように信じられておりました。あるとき出雲国からひとりの巡礼がやって来て、ここの観音堂に参詣《さんけい》をして、道のかたわらで食事をしました。この男は足をいためていたので、これから先のながい旅行が無事につづけてゆかれるかどうか、ひじょうに心ぼそく思いまして、箸に使った柳の小枝を地上にさして、道中安全を観音にいのりました。そうして旅をしているうちに、だんだんと足の病気もよくなり、諸所の巡拝を残る所もなくすませました。何年かのちの春の暮れに、ふたたびこの川のほとりを通って気をつけて見ると、以前さしておいた箸の小枝は、すでに成長して青々した二本の柳となっていました。そこで二つ柳という地名がはじまったと伝えております。二百年前の大水にその柳は流れて、後に代わりの木を植えついだというのが、それもまた大木になっていたということであります。（岡山県久米《くめ》郡大倭《やまと》村南方《みなみかた》中《なか》。『作陽誌』）

四国で二つあるお箸杉の伝説だけは、もう今日では昼の食事ということをいっておりません。その一つは阿波の芝村の不動の神杉《かみすぎ》というもの、二本の大木が地面から二丈（約六メートル）ほどのところで、三間四方もある大きな巌石《がんせき》をささえております。むかし弘法大師が、この地を通って、大きな岩の落ちかかっているのを見て、これはあぶないといって、二本の杉箸を立てて去った。それが芽をふき成長して、大丈夫な大きな樹になったのだと伝えております。（徳島県海部《かいふ》郡川西村芝《ぐんかわにしそんしば》。『徳島県老樹名木誌』）

伊予の飯岡《いいおか》村の王至森寺《おうじもりじ》にあるものにいたっては、だれの箸であったかということも不明になりましたが、それでも杉の木の名は真名橋杉《まなばしすぎ》、まなばしとはお箸のことであります。八十年あまり前に、この木を切ってしまったところが、村にいろいろのわるいことがつづきました。あるいは真名橋杉を切ったためではなかろうかといって、あらたに今ある木を植えて、古い名を相続させ、それを木の神として尊敬しております。（愛媛県新居郡飯岡村。『老樹名木誌』）

九州には、またこんな昔話のような伝説が残っております。むかし肥前の松浦領と伊万《いま》里《り》領と、領分境をきめようとした時に、松浦の波多《はた》三河守《みかわのかみ》は、伊万里《いまり》兵部大夫《ひょうぶだゆう》と約束して、双方から夜明けの鶏の声をきいて馬をのり出し、途中行きあった所を領分の境に立てようということになりました。ところがその夜、岸嶽《きしだけ》の鶏が宵鳴《よいな》きをしたので、松浦の使者ははやく出発し、となりの領の白野《しらの》なた落《おち》という所に来て、はじめて伊万里の使者に行きあいました。これではあまりに片方へ寄りすぎるというので、伊万里方からたのんで、十三塚という所までひきさがってもらって、その野原で馬から下りて、酒盛り食事をしました。そのとき用いたのは栗の木の箸でしたが、それを記念のために、その場所にさして帰って来ますと、後に箸から芽を出して、そこに栗の木が茂りました。ふしぎなことには毎年花が咲くばかりで、実はならなかったと言い伝えております。（『松浦昔鑑』）

これと同じような話は気をつけていると、まだいくらでも知っている人が出てきます。以前はほんとうにそんなことがあったと思っていた者が多かったので、ながい間皆がおぼえていたのであります。里でも山の中でも村の境でも、神のお祭りをする大切な場所には、かならず何か変わった木が切り残してありました。それが近江の花の木のごとく、種類のひじょうに珍しいものもあれば、また向島の相生《あいおい》の樟《くすのき》のように、枝ぶりや幹の形の目につくものもありましたが、もっともふつうには、同じ年齢の同じ木を二本だけならべて残したのであります。そうしておけば、すぐに偶然のものでないことが後の人にもわかったのであります。

そうして一方にはお祭りの折りにかぎって、木の串《くし》または木の枝を土にさす習慣がありました。同時にまた新しい箸をけずって、祭りの食事を神とともにする習慣もありました。箸はけっして成長して大木となることのできるものではありませんが、大むかしならば、また神様の力ならば、そんなことがあってもふしぎでないと思ったのです。それもただの人には、とうてい望まれぬことであるゆえに、かつてもっともすぐれた人の来た場合、もしくは非常の大事件に伴うて、そういう出来事があったように、想像する者が多くなりました。しかしじっさいはそれよりもなお以前から、やはりこれは大むかしの話として、語り伝えていたものであったろうと思います。

行逢阪《ゆきあいざか》

境は、最初神々がお定めになったように、考えていた人が多かったのであります。人はいつまでも境をあらそおうとしますが、神様にははやく約束ができていて、そのしるしには、たいてい境の木、または大きな岩がありました。大和《やまと》と伊勢の境にある高見《たかみ》山の周囲では、奈良の春日《かすが》様と伊勢の大神宮様とが、御相談のうえで国境をおきめなされたといっております。春日様はあまり大和の領分がせまいので、いますこし、いますこしとのぞまれて果てしがない。いっそのこと出逢い裁面《さいめん》として、境をつけなおそうということになりました。裁面はさいめ、すなわち境のことで、双方からすすんできて、出あったところを境にしようというわけであります。そこで春日の神様は鹿《しか》にのっておたちになる。伊勢はかならず御神馬《ごしんめ》にのって、駆けて来られるに相違ないから、これはなんでもよほどはやく出かけぬと負けるといって、夜の明けぬうちに出発なされました。そのためにかえって春日様の方がはやく伊勢領にはいって、宮前村《みやのまえむら》のめずらし峠の上で、伊勢の神様とお出あいになりました。おお春日はん珍しいと声をおかけになったゆえに、めずらし峠という名前ができました。ここを国境にしてはあまりに伊勢の分がせまくなるので、こんどは大神宮様の方からおたのみがあり、笹舟をつくって水にうかべて、その舟のついたところを境にしようということになりました。
そのころはまだこのへんはいちめんの水で、その水がしずかで、笹舟はすこしも流れません。それで伊勢の神様はひとつの石をとって、これは男石《おとこいし》といって水のなかに投げこまれますと、舟はただようて今の舟戸《ふなど》村にとまり、水は高見《たかみ》の峰をすぎて大和の方へすこし流れました。それを見て、伊勢の大神が、舟は舟戸《ふなど》、水はすぎたにとおおせられたので、伊勢の側には舟戸村があり、大和の方には杉谷《すぎたに》の村があります。二村ともに神様のおつけになった古い名だといっております。その男石は今もめずらし峠の山中にあって、新道を通っても遠くからよく見えます。村の家に子供の生まれようとする者が、今でもこの石をめがけて小石を打ちつけて、生まれる子が男か女かとうらないます。男が生まれる時には、かならずその小石が男石にあたるといっております。三十年ほど前までは、この男石の近くに古い大きな榊《さかき》の木が、神にまつられてありました。伊勢の神様が神馬にのり、榊の枝を鞭《むち》にしておいでになったのを、ちょっと地にさしておかれたものが、そのまま成長して大木になった。それゆえに枝はことごとく下の方をむいてのびているといいました。この木をさかきというのも、逆木《さかき》の意味で、ここがはじまりであったと土地の人はいっております。(三重県飯南郡《いいなんぐん》宮前村。『郷土研究』二編)
大和《やまと》と熊野《くまの》との境においても、これと近い話が伝わっておるそうであります。春日様は、熊野の神様と約束をして、やはり肥前の松浦人とおなじように、行逢い裁面《さいめん》として領分境をきめようとせられました。熊野は烏《からす》にのって一とびにとんで来られるから、おそくなっては負けると思って、まだ夜の明けぬうちに春日様は、鹿にのっていそいでお出かけになると、熊野の神様の方ではゆだんをして、まだ家のうちに休んでおられました。約束どおりにすると、軒の下まで大和の領分にしなければならぬのですが、それではこまるので、むりに春日様にたのんで、熊野の烏のひととび分だけ、地面を返しておもらいになりました。それゆえに、今でも奈良県は南の方へひろく、熊野は境までがごく近いのだといいますのは、まるで兎《うさぎ》と亀《かめ》との昔話のようであります。

これとよくにた言い伝えが、また信州にもありました。信州では、諏訪《すわ》大明神が国境をおきめなされるために、安曇《あずみ》郡を通って越後の強清水《こわしみず》というところまで行かれますと、そこへ越後の弥彦《やひこ》権現がお出向きになって、ここまで信濃《しなの》にはいられては、あまり越後がせまくなるから、いますこし上《かみ》の方を境にしようというご相談になり、白池《しらいけ》というところまでもどって境を立てられました。それから西へまわって越中の立山《たてやま》権現、加賀の白山《はくさん》権現ともお出あいなされて、都合《つごう》三ヵ所の境がきまり、それからのちは七年に一度ずつ、諏訪から内鎌《ないがま》というものが来て、境目にしるしを立てたということであります。（『信府統記』）

おなじ話を、またつぎのように話している人もあります。むかし国境をさだめる時に、諏訪様は牛にのり、越後様は馬にのって、途中行きあったところを境にしようというお約束がきまって、越後様は馬の足ははやいから、あまり行きすぎても失礼だと思って、夜が明けてのちにゆっくりとおでかけになる。諏訪様の方では、牛はにぶいからと、夜中にたって大いそぎでやってこられたので、先に越後分の塞《さい》の神というところまできて、そこでやっと越後様の馬と出あわれた。これは来すぎたわいと、すこしひきかえして出なおしてゆかれたというところを、諏訪の平《たいら》というのだそうであります。（新潟県西頸城《にしくびき》郡《ぐん》根知《ねち》村《むら》。『小谷口碑集』）

昔はこういうふうに、国の境を遠くと近くと、二所にきめておく習慣があったらしいのであります。そうすればなるほどけんかをすることが、少なくてすんだわけであります。豊後《ぶんご》と日向《ひゅうが》との境の山路などでも、嶺《みね》からすこしさがって、双方に大きなしるしの杉の木がありました。そうして豊後領によったほうを日向の木、これと反対に日向の側にある方の杉を、豊後の木といっておりました。百年ほど前に、その豊後の木が枯れたので、切ってみますと、太い幹からたくさんのさびた鏃《やじり》が出ました。これは矢立《やたて》の杉ともいって、以前はその下を通る人々が、その木にむかって矢を射こむことを、境の神をまつる作法としていたのであります。箱根の関山《せきやま》にも、甲州の笹子《ささご》峠にも、もとは大きな矢立《やたて》杉の木があったのです。信州の諏訪の内鎌《ないがま》というのも、その矢のかわりに鉄の鎌を、神木の幹に打ちこんだものと思われます。近ごろになっても、境に近い大木の幹から、珍しい形をした古鎌がおりおり出ました。そうしてそれとおなじ鎌が、諏訪ではいまもお祭りに用いられるので、薙鎌《なぎがま》と書く方がただしいようであります。なんにせよ諏訪の明神が、境をおさだめになったという伝説は、鎌を打ちこむ神木があるために、できたものに相違ありませぬが、その話の方はおいおいに変わってゆくのであります。たとえば越後の神様は、諏訪の神の母君で、御子のようすが聞きたくて、越後からわざわざおいでになる路で、ちょうど国境のところで、諏訪の神様とお出あいなされ、諏訪様が鹿島《かしま》、香取《かとり》の神に降参なされたことをきいて、失望してここから分かれて、越後へお帰りになったなどというのは、のちに歴史の本を読んだ人の考えたことで、安房《あわ》や上総《かずさ》で、源《みなもとの》頼朝《よりとも》の旅行のことを、つけ加えたのと同じような想像であろうと思います。

飛驒《ひだ》の山奥の黍生谷《きびふだに》という村などは、むかし川下《かわしも》の阿多野郷《あたのごう》との境が不明なので、あらそいがあってこまっていたときに、双方の村の人が約束を立て、黍生谷では黍生殿、阿多野は大西殿《おおにしどの》という人をたのみ、牛にのって両方からあゆみ寄って、行きあったところを領分の境とすることにしました。尾瀬《おせ》が洞《ほら》の橋場で、その二つの牛がちょうど出あい、それ以後はこれを村境にさだめたといっております。その黍生殿も大西殿も、ともに木曾から落ちてきた隠居の武士《さむらい》であったといいますが、話はまったく春日と熊野、もしくは諏訪と弥彦の、出逢い裁面の伝説とおなじものであります。（岐阜県益田郡朝日村。『飛驒国中案内』）

美濃《みの》の武儀《むぎ》郡の柿野《かきの》という村と、山県《やまがた》郡北山《きたやま》という村との境には、たにのしおという所があって、そこで柿野の氏神様と、北山の鎮守様とが、わかれの盃《さかずき》をなされたと言い伝えております。金の盃と黄金の鶏とを、その地へ埋めてゆかれたので、今でも正月元日の朝は、その黄金の鶏が出て鳴くといっております。（岐阜県武儀郡乾村《むぎぐんいぬいむら》。『稿本美濃誌』）

二つの土地の神様を、おなじ日におなじ場所で、お祀《まつ》り申す例はほうぼうにありました。そうすればとなりどうし仲がよく、境のあらそいはできなくなるにきまっています。地図も記録もなかった昔の世の人たちは、こうしてだんだんにむりなことをせずに、よその人と交際することができるようになりました。だからどこの村でも伝説を大事にしていたので、もし伝説が消えたり変わったりすれば、お祭りのもとの意味がわからなくなってしまうのであります。

行きあい祭りをするお社は、べつになんという神様にかぎるということはなかったのでありります。信州では雨宮《あめみや》の山王様と、屋代《やしろ》の山王様とおなじ三月中《さる》の日の中《さる》の刻に、村の境の橋の上に二つの御輿《みこし》があつまって、共同の神事がありました。その橋の名を浜名《はまな》の橋といっております。東京の近くでは、北と南の品川の天王様の御輿が、二つの宿の境にかけた橋の上で出あい、橋の両方のたもとのお旅所《たびしょ》でおまつりをしました。そうしてその橋を行きあいの橋というのであります。東京湾内のところどころの海岸には、まだいくつでもこれとおなじお祭りがありますが、もとは境をさだめるのが目的であったことを、もう忘れている人が多いようであります。そうして一方が姫神であるばあいなどは、これを神様の御婚礼かと思うものが多くなったのであります。

袂《たもと》石《いし》

むかし備後《びんご》の下山守村《しもやまもり》に、太郎左衛門という信心ぶかい百姓があって、毎年かかさず安芸《あき》の宮島さんへ参詣《さんけい》しておりました。ある年、神前に拝みをいたして、私ももう年をとってしまいました。おまいりもこれが終わりでございましょう、といって帰って来ますと、船のなかで袂《たもと》に小さな石が一つ、はいっているのに心づきました。誰かのり合いの人がいたずらをしたものであろうと思って、その石を海へすてて寝てしまいました。翌朝目がさめて見ると、おなじ小石がまた袂のなかにあります。あまりふしぎに思ってたいせつにして村へもってかえり、近所の人にその話をしましたところが、それはかならず神様からたまわった石であろう。祀《まつ》らなければなるまいといって、小さなほこらを建ててその石を内におさめ、厳島《いつくしま》大明神ととなえてあがめておりました。その石がのちにだんだんと大きくなったということで、この話をした人の見たときには、高さが一尺八寸（約五十四センチ）ばかり、周りが一尺二、三寸（約三十六〜三十九センチ）ほどもあったと申します。それからどうしたかわかりませんが、もし今でもまだあるならば、またよほど大きくなっているわけであります。（広島県芦品郡宜山村《あしなぐんむべやまむら》。『芸藩志料』）

信州の小野川《おのがわ》には、富士石という大きな岩があります。これはむかしこの村の農民が富士にのぼって、お山からひろって来た小石でありました。家の近くまで帰った時、袂のごみをはらおうとして、それにまぎれてここへ落としたのが、いつの間にかこのように成長したものだといっております。（長野県下伊那郡智里村《ちさとむら》。『伝説の下伊那』）

またおなじ地方の今田《いまだ》の村に近い水神の社には、生き石という大きな岩があります。これはむかしある女が、天竜川《てんりゅう》の川原で美しい小石を見つけ、ひろって袂にいれてここまでくるうちに、袂がおもくなったので気がついてみると、その小石がもう大きくなっていました。そうして自分が爪《つめ》のさきでついた小さなきずが石とともに大きくなっているので、びっくりしてこの水神様の前へなげだしました。それがさらに成長して、しまいにはこのような巌《いわお》となったのだと言い伝えております。（同県同郡竜江村。同書）

熊野の大井谷という村でも、谷川の中流にある大きな円形《まるがた》の岩、高さ二間半（約四・五メートル）にまわりが七間（約十二・七メートル）もあって、上にはいろいろの木や草のしげっているのを、大井の袂石といって、ほこらを建てて祀っておりました。それをまた福島石ともいっていましたが、そのわけはもう伝わっておりません。（三重県南牟婁《みなみむろ》郡《ぐん》五郷村《いさとむら》。『紀伊国続風土記』）

伊勢の山田の船江《ふなえ》町にも、白太夫《しらだゆう》の袂石という大石があります。高さは五尺（約一・五メートル）ばかり、まわりに垣をして大切にしてありますが、これは昔菅公が筑紫《つくし》に流されたとき、度会春彦《わたらいはるひこ》という人がおくっていって、かえりに播州《ばんしゅう》の袖《そで》の浦という所で、拾ってきたさざれ石でありました。それが年々大きくなって、ついにこのとおりの大石となったので、そのかたわらに菅公の霊を祀ることになったと言い伝えて、今でもそこには菅原《すがわらの》社《やしろ》があります。（三重県宇治山田市《うじやまだし》船江町。『神都名勝記』）

土佐の津大《つだい》村と伊予の目黒《めぐろ》村との境の山に、おんじの袂石という高さ二間半、まわり五間（約九メートル）ほどの大きな石がありました。これはむかし曾我の十郎五郎兄弟の母が、関東から落ちてくるときに、袂に入れて持ってきたものと言い伝えております。この地方の山の中の村には、曾我の五郎をまつるという社がほうぼうにあり、またその家来の鬼王団三郎《おにおうだんざぶろう》の兄弟が住んでいたという故跡《こせき》なども諸所にあります。曾我の母が落人《おちゅうど》になって来ていたということも、このへんではよく聞く話なのであります。（高知県幡多《はた》郡《ぐん》津《つ》大村《だいむら》。『大海集』）

肥後の滑石《なめいし》村には、滑石という青ぐろい色の岩が、もとは入海《いりうみ》の水の底に見えておりましたが、埋め立ての田ができてから、わからなくなってしまいました。この石は神功《じんぐう》皇后が三韓《かん》征伐のお帰りに、袂に入れてお持ちになった小石が、大きくなったのだといっておりました。（熊本県玉名《たまな》郡《ぐん》滑石村《なめいしむら》。『肥後国志』）

九州の海岸には、神功皇后の御上陸なされたと言い伝えた場所が、まだこのほかにもいくつとなくあります。そうして記念の袂石をたいせつにしていたところも、ほうぼうにあったのではないかと思います。いちばん古くから有名になっていたのは、筑前深江《ちくぜんふかえ》の子負原《こうのはら》というところにあった二つの皇子産《みこう》み石であります。これはお袖のなかにはさんでお帰りになったという小石ですが、『万葉集』や『風土記《ふどき》』のできたころには、もう一尺（約三十センチ）以上のおもい石になっておりました。卵の形をした美しい石であったそうです。のちにはどこへうつしたのか、知っている人もなくなりました。土地の八幡《はちまん》神社の御神体になっているといった人もあれば、海岸の岡の上にいまでもあって、もう三尺（約九十センチ）あまりになっているという人もありました。（福岡県糸島郡《いとしまぐん》深江村。『太宰管内志』）

大きくなった石というのは、たいていは遠くから人がはこんできた小石で、はじめからそこいらのただの石とはちがっておりました。下総《しもうさ》の印旛《いんば》沼の近く、太田村の宮間某《みやまなにがし》という人の家では、やしきに石神様のほこらをたてて、五尺（約一・五メートル）あまりの珍しい形の石をまつっていました。むかしこの家の前の主人が、紀州熊野へ参詣のみちで、草鞋《わらじ》のあいだにはさまった小石をとってみますと、じつに奇抜なかっこうをしていました。あまり珍しいので燧袋《ひうちぶくろ》の中に入れて持って帰りますと、もう途中からそろそろ大きくなりはじめたといっております。（千葉県印旛郡根郷村《ねごうむら》。『奇談雑史』）

また千葉郡上飯山満《かみはざま》の林という家でも、この成長する石を氏神にまつっていました。これはずっと以前に主人が伊勢参りをして、それから大和をめぐって途中で手に入れた小石

で、巾着《きんちゃく》に入れてきたゆえに、その名を巾着石と呼んでいました。（同県千葉郡二宮村。同書）

土佐の黒岩村のお石は有名なものでありました。神にまつって大石神、また宝御伊勢神《たからおいせがみ》と称《とな》えております。これもずっとむかしある人が、伊勢から巾着に入れて持って来てここにおいたのが、ついにこの見あげるような大岩になったのだといっております。（高知県高岡郡黒岩村。『南路志』その他）

筑後にも大石村の大石神社といって、村の名になったほどの神の石があります。むかし大石越前守《えちぜんのかみ》という人が、伊勢国からこの石をふところに入れてまいりまして、これを伊勢大神宮とあがめたともいえば、あるいは一人の老いたる尼が、小石を袂に入れてこの地までもってきたのが、しだいに大きくなったともいっております。今から三百年前に、もう九尺三方ほどになっておりました。そうして別にいま一つ三尺（約九十センチ）ほどの石があって、村の人はそれをも伊勢御前ととなえて、社をたてておさめておりました。その社殿をなんども造りかえたのは、だんだん大きくなって、はいらなくなって来たからだといっております。（福岡県三瀦郡鳥飼村《みずまぐんとりかいむら》。『校訂筑後志』）

この大石村のお社には、安産の願がけをする人が多かったそうです。石のようにかたく丈夫なこども、おまけに知らぬまに大きくなるという子供を、親としては望んでいたからでありましょう。熊野から来たという石のなかには、ただ成長するだけでなく、親とよくにた子石を生んだという伝説もありました。たとえば九州の南の種子島《たねがしま》の熊野浦、熊野権現の神石などもそれでありました。このお社はむかしこの島のあるじ、種子島左近将監《さこんのしょうげん》という人が熊野を信仰して、遠くかの地より小さな石を一つ、小箱に入れてむかえて来ましたところが、それが年々に大きくなって、後には高さ四尺七寸（約一・四メートル）以上、まわりは一丈三尺（約三・九メートル）余、左右に子石を生じて、その子石もまたすこしずつ成長し、色も形もみな母石とおなじであったと申します。（鹿児島県熊毛《くまげ》郡《ぐん》中種子《なかたね》村油久《むらゆく》。『三国名勝図会』）

これとよくにた話が、また日本の北のいなか、羽前《うぜん》の中島村の熊野神社にもありました。今から四百年ほど前に、この村の人で、熊野へ七度まいりをした者が、記念のために那智《なち》の浜から、小さな石をひろって帰りました。それが八十年ばかりのあいだに、だんだん大きくなって、のちにはひとかかえにあまるほどになりました。形が女ににているので、姥石《うばいし》という名をつけました。それが年々に二千あまりの子孫を生んで、大小いずれも形は卵のごとく、太郎石、次郎石、孫石などとよんでいたというのは、見ない者にはほんとうとも思われぬほどの話ですが、これをこの土地では今熊野といって、おがんでいたそうであります。（山形県北村山郡宮沢村中島。『塩尻』）

土佐ではいまひとつ。香美《かみ》郡山北《やまきた》の社にまつる神石も、むかしこの村のひとが京の吉田神社に参詣して、神楽岡《かぐらがおか》の石をいただいて帰ってきたのが、おいおいに成長したのだとい

っております。（高知県香美郡山北村。『土佐海』続編）

伊勢では花岡《はなおか》村の善覚寺《ぜんかくじ》という寺の、本堂の土台石が成長する石でした。これはとなりの庄《しょう》という部落の人が、尾張熱田《あつた》の社からもって来ておいたもので、その人はもと熱田の禰宜《ねぎ》であったのが、この部落のひとと結婚したために、熱田にいられなくなってここへ来て住んだといって、そこには今でも越石《こしいし》だの熱田だのという苗字《みょうじ》の家があります。（三重県飯南郡《いいなんぐん》射和《いざわ》村《むら》。竹葉氏『報告』）

肥後の島崎の石神社《いしがみやしろ》の石も、もとは宇佐八幡の神官到津《いとうづ》氏が、そのお社の神前からもってきてまつったので、それから年々ふとるようになったといっております。（熊本県飽託《ほうたく》郡島崎村《ぐんしまさきむら》。『肥後国志』）

このとおり、大きくなるのにおどろいて、人が拝むようになったというよりも、はじめから尊い石として信心をしているうちに、だんだんと大きくなったという方が多いのであります。だからその石がどこからきたかということを、いますこしお話しなければならぬのでありますが、安芸の中野という村では、高さの二丈（約六メートル）もあるたんぼの中の大きな岩を、出雲《いずも》石《いし》といっておりました。これもまだ小石であったうちに、人が出雲国からもってきて、ここにおいたのが大きくなったといっております。（広島県豊田《とよた》郡高阪《ぐんたかさか》村《むら》。『芸藩通志』）

その出雲国では、飯石《いいし》神社のうしろにある大きな石が、やはり昔からつづいて大きくなっておりました。石の形が飯をもったようだからともいえば、あるいは飯盒《はんごう》のなかにはいったままで、天から降ってきた石だからともいっております。（島根県飯石《いいし》郡《ぐん》飯石《いいし》村《むら》。『出雲国式社考』以下）

どうしてその石の大きくなったのがわかるかといいますと、そのまわりの荒垣《あらがき》をつくりかえるたびごとに、すこしずつ以前の寸法を、のべなければおさまらぬからといっております。豊前の元松《もとまつ》という村の丹波大明神なども、四度もお社をつくりかえて、だんだんに神殿を大きくしなければならなかったといっておりました。むかし丹波国からひとりの尼が、小石をつつんでもってきて、この村に来てなくなりました。その小石が大きくなるので、このほこらの中にまつり、丹波様とよぶようになったのだそうであります。（『豊前志』）

石見《いわみ》の吉賀《よしが》の注連川《しめがわ》という村では、その成長する大石を牛王《ごおう》石といっております。これはむかし四国を旅行したものが、ふところに入れてもって帰った石だと申しています。（島根県鹿足《かのあし》郡《ぐん》朝倉村《あさくらむら》。『吉賀記』）

富士石という石がまたひとつ、遠江《とおとうみ》の石神村にもありました。村の山の切り通しのところにあって、これも年々大きくなるので、石神大神としてまつってありました。たぶん富士山から持って来た小石であったと、土地の人たちは思っていたことでありましょう。（静岡県磐田《いわた》郡《ぐん》上阿多古村《かみあたごむら》。『遠江国風土記伝』）

関東地方では秩父《ちちぶ》の小鹿野《おがの》の宿に、信濃《しなの》石という珍しい形の石がありました。大きさは一丈（約三メートル）四方ぐらい、まんなかに一尺（約三十センチ）ほどの穴がありました。この穴に耳をあてていると、人のものをいう声がきこえるともいいました。これは昔、この土地の馬方が信州に行った帰りに、馬の荷物を片一方が軽いので、それを平らにするために、路《みち》でひろってはさんできた小石が、こんな大きなものになったというのであります。（埼玉県秩父郡小鹿野町。『新編武蔵風土記稿』）

その信州の方にはまた鎌倉石というのがありました。佐久《さく》の安養寺という寺の庭にあって、はじめて鎌倉から持ってきた時には、ほんのひとにぎりの小石であったものが、だんだん成長して四尺（約一・二メートル）ばかりにもなったので、庭の古井戸のふたにしておきますと、それにもかまわずに、後には一丈（約三メートル）以上の大岩になってしまいました。だからすき間からのぞいてみると、岩の下に今でも井の形がすこし見えるといいました。（長野県北佐久郡三井村。『信濃奇勝録』）

こうしてわざわざ遠いところから、人がはこんでくるほどの小石ならば、何かよくよくの因縁があり、またふしぎの力があるものと、昔の人たちは考えていたらしいのでありますが、なかにはまたもっとかんたんな方法で、大きくなる石が得られるようにいっているところもあります。九州の阿蘇《あそ》地方などでは、どんな小石でもひろって帰って、縁の下かどこかに隠しておくと、きっと大きくなっているように信じていました。やたらに外から小石をもってくることをきらっている家は、いまでもほうぼうにあります。川原から赤い石をもってくると火にたたるといったり、白いすじのはいった小石を親しばり石といって、それを家に入れると親が病気になるなどといったのも、つまり子供などのそれをたいせつにすることもできない者が、祀《まつ》ったり拝んだりする人のまねをすることを、戒めるためにそういったものかと思います。

だから人はめったに石を家にもってこようとしなかったのですが、何かわけがあってもってくるような石は、たいていはふしぎがあらわれたと言い伝えております。奥州外南部《そとなんぶ》の松《まつ》が崎《さき》という海岸では、海鼠《なまこ》をとる網の中に、小石が一つはいっていたので、それを石神と名づけてまつっておくと、だんだんと大きくなったといって、見上げるような高い石神の岩が村の近くにありました。（青森県下北郡脇野《わきの》沢村《さわむら》九艘泊《くそうどまり》。『真澄遊覧記』）

隠岐島《おきのしま》の東郷《とうごう》という村では、むかしこの浜の人がつりをしていると、魚はつれずににぎりこぶしほどの石を一つつり上げました。あまりふしぎなので、小さな宮を造っておさめておきますと、だんだん成長して七、八年ののちには、左右の板をおしやぶりました。それで今度は社を大きく建てなおすと、またいつの間にかそれをおしやぶったといって、後にはよほどりっぱなお宮になっていたそうです。（島根県周吉《すき》郡東郷村《ぐんとうごうむら》。『隠州視聴合記』）

阿波の伊島《いじま》という島でも、網をひいていますと、鞠《まり》の形をした小石が網にはいって上がりました。それをすてるとまた翌日もはいります。そんなことが三日つづいて、三日めはことに大漁であったので、その石を蛭子《えびす》大明神としてまつりました。それからいっそう土地の漁業がさかえ、小石もまたほこらの中で大きくなって、五、六年のうちにはほこらがはりさけてしまうので、三度めにはよほど大きく建てなおしたそうです。（徳島県那賀郡伊島。『燈下録』）

　こういう例はいつも海岸に多かったようであります。鹿児島湾の南のはし、山川の港の近くでも、むかしこのへんの農夫がおまつりの日に潮水をくみにゆきますと、そのうつわの中に美しい小さな石がはいっておりました。三度もくみかえましたが、三度とも同じ石がはいってくるので、ふしぎに感じて持って帰りましたところが、それがすこしずつ大きくなりました。おどろいてお宮をたてて祀ったと言い伝えて、それを若宮八幡神社といっております。そうして御神体はもとはこの小石でありました。（鹿児島県揖宿郡山川村成川《いぶすきぐんやまかわむらなりかわ》。『薩隅日地《さつぐうにちち》理《り》纂考《さんこう》』）

　沖縄などで今も村々の旧家でたいせつにしている石は、多くは海から上がった石であります。べつにその形や色に変わったところがないのを見ますと、何かそれをひろいあげた時に、ふしぎなことがあったのであろうと思います。薩摩《さつま》には石神《いしがみ》氏という士族の家がほうぼうにありますが、いずれも山田という村の石神神社を、家の氏神として拝んでおりました。そのお社の御神体も、白い色をした大きな御影《みかげ》石のような石でありました。むかし先祖の石神重助《いしがみじゅうすけ》という人が、はじめてこの国へくる時に道でひろったともいえば、あるいは朝鮮征伐のときに道中で感得したともいい、これも下総の宮間《みやま》氏の石のごとく、草鞋《わらじ》の間にはさまって、何度すててもまたはいっていたから、ひろってきたという話がありました。しかし今日では運搬することもできないほどの大石ですから、これもやはりながいあいだには成長したのであります。（鹿児島県薩摩郡永利村山田《ながとしむらやまだ》。『三国名勝図会』等）

石に神様のお力があらわれると、昔の人は信じていたので、はじめから石を神としてまつったのではないのですが、神の名を知ることができぬときには、ただ石神様といって拝んでいたようであります。それだから土地によって、石のあるお社の名もいろいろになっております。備後《びんご》の塩原の石神社などは、村の人たちは猿田彦《さるたひこ》大神だと思っておりました。その石などもおいおいに成長するといって、のちには縦横ともに一丈（約三メートル）以上にもなっていました。ふつうには石神は道のかたわらに多く、猿田彦もまた道路をまもる神であったために、自然にそう信ずるようになったのであります。（広島県比婆郡小奴可村塩原《ひばぐんおぬかむらしおはら》。『芸藩通志』）

常陸《ひたち》の大和田《おおわだ》村では、のちには山の神としてまつっておりました。これは地面の中からほり出した石と伝えております。はじめは袂のなかに入れるほどの小石であったのが、すこしずつ大きくなるので、清いところへ持ってきておくと、それがいよいよ成長しました。それで主石《ぬしいし》大明神ととなえていたと言い伝えております。（茨城県鹿島郡巴村大和田《かしまぐんともえむらおおわだ》。『新編常陸国誌』）

石には元来なまえなどはないのがふつうですが、こういうことからだんだんに名ができるようになりました。伊勢石、熊野石が伊勢の神、熊野権現のお社にあるように、出雲石、吉田石、富士石、宇佐石なども、もともとそれぞれの神をまつる人たちが、たいせつにしていた石でありました。鎌倉石もたぶん鎌倉の八幡様の、お力で成長したものと考えていたのだろうと思います。しかしどうして来たかがよくわからぬ石には、人がまた巾着石とか袂石というような、かんたんな名をつけておいたのであります。

羽後《うご》の仙北《せんぼく》の旭の滝の不動堂には、年々大きくなるという五尺（約一・五メートル）ほどの岩があって、それをおがり石とよんでおりました。おがるというのはあの地方で、大きくなるという意味の方言であります。（秋田県仙北郡大川西根村。『月之出羽路』）

備後の山奥のいなかには、また赤子石というのがありました。それはむかしは三尺（約九十センチ）ばかりであったのが、のちには成長して一丈四尺（約四・二メートル）にもなっていたからで、そんなに大きくなってもなお赤子石といって、もとを忘れなかったのであります。（広島県比婆郡比和《ひわ》村古頃《むらここ》。『芸藩通志』）

飛驒《ひだ》の瀬戸村には、ばい岩という大岩がありました。海螺《ばい》という貝に形が似ているからとも申しましたが、地図には倍岩と書いてあります。これもおおかたもとあった大きさより倍にもなったというので、倍岩といいはじめたものだろうと思います。（岐阜県益田郡中原村瀬戸。『斐太後風土記』）

播州《ばんしゅう》には寸倍石《ずんばい》という名をもった石がところどころにあります。たとえば加古《かこ》郡の野口のなげ石なども、土地の人はまた寸倍石と申しました。ちょうど郷境《ごうざかい》の林のなかにぽつんと一つあって、長さが四尺（約一・二メートル）、横が三尺（約九十センチ）、まりのような形であったそうですから、前には小さかったのがすこしずつのびて大きくなったと、言い伝えていたものと思われます。投げ石というなまえはほうぼうにありますが、どれもこれも大きな岩で、とても人間の力では投げられそうもないものばかりであります。（兵庫県加古郡野口村阪元。『播磨鑑』）

たいていの袂石は、人が注意をしはじめたころには、もうよほど大きくなっていたようであります。そうして土地の評判が高くなってからのちに、ほんとうはあまり大きくはなりませんでした。前にお話をした下総の熊野石なども、熊野から拾ってきたときは、燧袋《ひうちぶくろ》のなかで、もう大きくなっていたというくらいでありましたが、後にはだんだんと成長が目にたたなくなりました。二十年前にくらべると、一寸は大きくなったという人もあれば、毎年米ひとつぶずつは大きくなっているのだという人もありましたが、それはただそう思って見たというだけで、二度も石の寸法をはかってみようという者は、じっさいはなかったのであります。あるいは出雲の飯石《いいし》神社の神石のように、もとはお社のなかにまつってあったといい、または筑後の大石神社のごとく、以前のお宮はいまのよりも、ずっと小さかったという話はほうぼうにありますが、それは遠い昔のことであって、石の大きくなってゆくところを、見ているということはだれにもできません。筍《たけのこ》のようにはやく成長するものでも、やはり人の知らぬうちに大きくなります。ましてや石は君が代の国歌にもあるとおり、さざれ石の巌《いわお》となるまでには、ひじょうに永い年数のかかるものと考えられていたのであります。つまりはひとつの土地にすむ多くの人が、古くから共同して、石は成長するものだと思っていたために、こういう話を聞いて信用した人が多かったというだけであります。

山の背くらべ

石がだしぬけに大きくなろうとして、失敗したという話も残っております。たとえば常陸《ひたち》の石那阪《いしなざか》の峠の石は、毎日毎日伸びて天までとどこうとしていたのを、静《しず》の明神がおにくみになって、鉄のくつをはいてお蹴飛《けと》ばしなされた。そうすると石の頭が二つにくだけ、一つはとんで今の河原子《かわらご》の村に、一つは石神の村におちて、いずれもその土地ではほこらにまつっていたという話があります。一説には、天の神様のご命令で、雷がきてけとばしたともいって、石那阪ではその残った石のねを、雷神石とよんでおりました。高さは五丈（約十五メートル）ばかりしかありませんが、まわりは山いっぱいに根をはって、なるほどもしこのままで成長したら、たいへんであったろうと思うような大岩でありました。（茨城県久慈郡阪本村石名阪。『古謡集』その他）

陸中小山田《こやまだ》村のはたやという社の周囲にも、大きな石の柱のみじかく折れたようなものが、無数にころがっておりましたが、これも大昔の神代に石が成長して、一夜のうちに天をつきぬこうとしていたのを、神様にけとばされて、このように小さく折れたのだといっております。（岩手県和賀郡小山田村。『和賀稗貫二郡志』）

南会津の森戸《もりこ》村には、森戸の立岩《たていわ》という大きな岩山があります。むかしこの山が大きくなろうとしていた時に、やはりある神様が来て、その頭を蹴《け》折られたといっております。そうしてそのかけらをもって来て、さかさにおいたのがこれだといって、となりの岩下の部落には逆岩《さかさいわ》という高さ八丈（約二十四メートル）、まわり四十二丈（約百二十六メートル）ほどの大きな岩がいまでもあります。（福島県南会津郡舘岩村森戸。『南会津郡案内誌』）

山を木などのように順々に大きくなったものと、思っていた人がもとはあったのかもしれません。富士山なども大昔近江国からとんで来たもので、そのあとが琵琶《びわ》湖になったのだという話がありました。奥州の津軽では、岩木山《いわきざん》のことを津軽富士といっております。昔この山が一夜のうちに大きくなろうとしている時に、ある家のお婆さんが夜中に外へ出てそれを見つけたので、もうそれっきりのびることをやめてしまった。だれも見ずにいたら、もっと高くなっているはずであったという話であります。磐城《いわき》の絹谷《きぬや》村の絹谷富士は、富士とはいっても二百メートルほどの山ですが、これもちょうど地からわき出した時に、ある婦人がそれを見て、山が高くなると大きな声でいったので、高くなることをやめてしまいました。もし女がそんなことをいわなかったら、天にとどいたかもしれぬと、土地の人たちはいっております。（福島県石城《いわき》郡草野《ぐんくさの》村絹谷《むらきぬや》。『郷土研究』一編）

駿河《するが》の足高山は、大むかし諸越《もろこし》という国から、富士と背くらべをしにわたって来た山だという話があります。東海道を汽車で通るときに、ちょうど富士山の前に見える山で、長く根をひいてなかなか大きな山ですが、山のあたまがありません。それは足柄《あしがら》山の明神がなまいきな山だといって、足をあげて蹴くずされたので、それで足高は低くなったのだといっております。その山のかけらが海の中にちらばっていたのを、だんだんよせあつめて海岸に、小高いひとすじの陸地をこしらえました。それが浮き島が原で、そこをいま鉄道がとおっていますが、以前の道路は十里木《じゅうりぎ》というところをこえて、富士とこの足高山との間を通っておりました。そうして右と左に二つの山を見くらべて、昔の旅人はこんな話をしていたのであります。（静岡県駿東郡須山村《すんとうぐんすやまむら》。『日本鹿子』）

伯耆《ほうき》の大山《だいせん》のうしろには韓山《からやま》というはなれ山があります。これも大山と背くらべをするために、わざわざ韓《から》からわたってきた山だから、それで韓山というのだと言い伝えております。それがすこしばかり大山よりも高かったので、大山は腹をたてて、木履《きぐつ》をはいたまで韓山の頭をけとばしたといいます。だから今でもこの山の頭はかけており、また大山よりはだいぶ低いのだということであります。（鳥取県西伯郡大山村《さいはくぐんだいせんむら》。『郷土研究』二編）

九州では、阿蘇山の東南に、猫岳《ねこだけ》という珍しいかたちの山があります。この山もいつも阿蘇とたけくらべをしようとしていました。阿蘇山がおこってばさら、竹の杖《つえ》をもって、しじゅう猫岳のあたまをうっていたので、頭がこわれてでこぼこになり、また今のように低くなったのだといいます。（熊本県阿蘇《あそ》郡白水村《ぐんはくすいむら》。『筑紫民譚集』その他）

山が背くらべをしたという伝説は、ずいぶんひろく行なわれております。たとえば台湾の奥地に住む人民のなかでも、霧頭山《むとうざん》と大武山《だいぶさん》との兄弟の山が競争して、弟の大武山が兄の霧頭山をだまして、ひとりでするすると大きくなったという話があります。それだから大武山は、兄よりも高いのだといっております。（パイワン族マシクジ社。『生蕃伝説集《せいばんでんせつしゅう》』）

それからまた古い時代にも、おなじ伝説があったのであります。近江国では、浅井の岡が胆吹山《いぶきやま》と高さくらべをしたときに、浅井の岡は胆吹山の姪《めい》でありましたが、一夜のうちにのびて、叔父《おじ》さんに勝とうとしました。胆吹山の多々美彦《たたみひこ》は大いに怒って、剣をぬいて浅井姫の首を切りますと、それが湖水の中へとんでいって島になった。いまの竹生島《ちくぶじま》は、このときからできたということを、もう千年も前の人が言い伝えておりました。（滋賀県東浅井郡竹生村《ちくぶむら》。『古風土記逸文考証《こふどきいつぶんこうしょう》』）

大和では天香久山《あまのかぐやま》と耳成山《みみなしやま》とが、畝傍山《うねびやま》のためにけんかをした話が、古い奈良朝のころの歌に残っております。それとよく似た伝説は、奥州の北上《きたかみ》川の上流にもありまして、岩手山と早池峰山《はやちねさん》とは、いまでもなかが好くないようにいっております。汽車で通って見ますとふたつのお山のあいだに、姫神山という美しい孤山《こざん》がみえます。あらそいはこの姫神山のとりあいであったともいえば、あるいはその反対に岩手山は姫神をにくんで、送り山という山にいいつけて、遠くへ送らせようとしたのに、送り山はその役目をはたさなかったので、おこって剣をぬいてその首をきった。それが今でも岩手山の右のわきにのっている小山だともいいました。（岩手県岩手郡滝沢村。高木氏の『日本伝説集』）

日本人はながい年月のあいだに、だんだんと遠い国から移住してきた民族です。むかし一度こういう話をきいたことのあるものの子や孫が、もう前のことは忘れかかったころに、知らず知らずにかような想像をしたというだけで、わざとよその土地の伝説をまねようとしたのではありますまいが、山が左右に高くそびえて、何かあらそいでもしているように思われるばあいが、行くさきざきの村里のけしきにはあるので、それをじっとながめていて、いくどでもこんな昔話をしだしたものとみえます。

青森の市の東にある東嶽《あずまだけ》なども、むかし八甲田山《はっこうださん》とけんかをして切られてとんだといって、胴ばかりのような山であります。その首が遠くとんで岩木山の上に落ち、岩木山の肩にはこぶみたいな小山が一つついているのが、その東嶽の首であったという人があります。津軽平野の土地がこえているのは、その時の血がこぼれているからだともいいます。そうして岩木山と八甲田山とは、今でもなかが好くないという話もあります。(青森県東津軽郡東嶽村。同上)

出羽の鳥海山《ちょうかいざん》は、もと日本でいちばん高い山だと思っていました。ところが人が来て、富士山のほうがなお高いといったので、くやしくて腹をたてて、いても立ってもいられず、頭だけ遠く海のむこうへ飛んでいった。それが今日の飛島《とびしま》であるといいます。飛島は海岸から二十マイルもはなれた海のなかにある島ですが、今でも鳥海山とおなじ神様をまつっております。これにはかならず深いわけのあることと思いますけれども、こういうかわっ

た昔話よりほかには、もう昔のことは何ひとつも伝わっておりません。（山形県飽海郡飛島村。『郷土研究』三編）

負けることのきらいな者は、けっして山ばかりではありませんでした。ぜんたいに日本では、かるがるしく人の優劣を説くのはわるいこととしてありましたが、交通がだんだんひらけてくると、どうしてもそういう評判をしなければならぬばあいが多く、それをまたたいへんに気にする古風な考えが、神にも人間にも少なくなかったようであります。阿波の海部《かいぶ》川《がわ》の水源には、轟《とどろ》きの滝、一名を王余魚《かれい》の滝という大きな滝があって、山の中に王《か》余《れい》魚明神という社がありました。この滝の近くにきて、紀州熊野の那智《なち》の滝の話をすることは禁物でありました。那智の滝とどちらが大きいだろうといったり、またはこの滝の高さをはかってみようとしたりすると、かならず神のたたりがあったというのは、たぶんこの方が那智よりもすこし小さかったためであろうと思います。（徳島県海部郡川上村平井《かわかみそんひらい》。『燈下録』）

橋などは、ことに遠方の人が多く通行するので、毎度他の土地の橋のうわさをきくことがあったろうと思いますが、それをひじょうにきらうという話が多いのであります。橋の神は、いたってねたみぶかい女の神様であるといっておりました。

甲府の近くにある国玉《くにだま》の大橋などは、橋の長さが、もとは百八十間（約三百二十七メートル）もあって、甲斐国《かいのくに》では、いちばん大きな、また古い橋でありましたが、この橋をわたるあいだに猿橋《さるはし》のうわさをすることと、野宮《ののみや》という謡《うたい》をうたうこととが禁物で、そのいましめをやぶると、かならずおそろしいことがあったといいました。今でも土地の人だけは、けっしてそういうことはせぬであろうと思います。猿橋は小さいけれども、日本にも珍しいというみごとな橋でありますから、それとくらべられることを、この大橋が好まなかったのであります。そうして野宮は、女のねたみを同情した謡《うたい》でありました。(山梨県西山梨郡国里村国玉。『山梨県町村誌』)

九州の南のはし、薩摩《さつま》の開聞岳《かいもんだけ》のふもとには、池田という美しい火山湖があります。ほんのわずかな陸地によって海とへだてられ、小高いところに立てば、海と湖水とを一度にながめることもできるくらいですが、大洋とくらべられることを、池田の神はひじょうにきらいました。そうして湖水の近くにきて、海の話や、舟の話をする者があると、すぐに大風、高浪がたって、ものすごいけしきになったということであります。(鹿児島県揖宿郡指宿村《いぶすきむら》。『三国名所図会』)

湖水や池沼の神は、多くは女性でありましたから、ひとりかくれて世の中のねたみも知らずに、しずかに年月をおくることもできました。山はこれとちがって、多くの人につねに遠くから見られていますために、どうしてもあらそわなければならぬ場合が多かったようであります。

豊後の由布獄《ゆふだけ》は、九州でも高い山のひとつで、山のすがたが雄々《おお》しく美しかったゆえに、土地では豊後富士ともいっております。むかし西行《さいぎょう》法師がやってきて、しばらくふもとの天間《あまま》という村にいたころに、この山をながめて一首の歌を詠《よ》みました。

豊国の由布のたかねは富士ににて雲も霞《かすみ》もわかぬなりけり

そうするとたちまちこの山が鳴動して、さかんに噴火をしはじめたので、これはいい方がわるかったとこころづいて、

駿河なる富士のたかねは由布ににて雲も霞もわかぬなりけり

と詠みなおしたところが、ほどなく山の焼けるのがしずまったという話であります。西行法師というのはまちがいだろうと思いますが、とにかく古くからこういう話が伝わっておりました。（大分県速見《はやみ》郡南端《ぐんみなみはた》村天間《むらあまま》。『郷土研究』一編）

もとはほんとうにあったことのように思っていた人もあったのかもしれません。そうでなくとも、よその山の高いといううわさをすることは、なるたけひかえるようにしていたらしいのであります。多くの昔話はそれから生まれ、また時としてそれをまじないに利用する者もありました。たとえばむかし日向国《ひゅうがのくに》の人は、癰《よう》といういできものができたときに、吐濃峰《とののみね》という山にむかって、こういう言葉をとなえて拝んだそうであります。私はつねにあなたを高いと思っていましたが、私のでき物がいまではあなたよりも高くなりました。

もしお腹がたつならば、早くこのできものをひっこませてくださいといって、毎朝一、二度ずつ杵《きね》のさきをそのおできにあてると、三日めにはかならず治るといっておりました。これも山の神が自分より高くなろうとする者をにくんで、いそいでその杵をもってたたきふせるように、こういう珍しい呪文《じゅもん》をとなえたものかと思います。（宮崎県児湯《こゆ》郡《ぐん》都農《つの》村《むら》。『塵袋《ちりぶくろ》』七）

山が背くらべをしたという古い言い伝えなども、後には児童ばかりが笑って聞く昔話になってしまいました。そうしてだんだんに話がおもしろくなりました。肥後の飯田山《いいださん》は熊本の市から、東へ三、四里（約十二〜十六キロメートル）ほどもはなれている山ですが、市の西に近い金峰山《きんぷざん》という山と、高さのじまんからけんかをしたといっております。いつまであらそってみても勝負がつかぬので、両方の山の頂上に樋《とい》をかけわたして、水を流してみようということになりました。そうすると水が飯田山の方へ流れて、この山の方が低いということが明らかになりました。その時の水がたまったのだといって、山の上には今でも一つの池があるそうです。これには閉口をして、もう今からそんなことは「いい出さん」といったゆえに、山の名をいいださんというようになったとも申します。（熊本県上《かみ》益城《ましき》郡《ぐん》飯野《いいの》村《むら》。高木氏の『日本伝説集』）

尾張小富士という山は、尾張国の北の境、入鹿《いるか》の池の近くにある小山ですが、山の姿が富士山とよくにているので、土地の人たちに尊敬せられています。それがおとなりの本宮《ほんぐう》山《ざん》という山と高さくらべをして、やはり樋《とい》をかけ水を通してみたという話が伝わっております。そうしてみた結果が、小富士の方のまけになりました。毎年六月一日のお祭りの日に、ふもとの村の者が石をひいてこの山にのぼることになったのは、すこしでもお山の高くなることを、山の神様がよろこばれるからだという話であります。（愛知県丹羽郡《にわぐん》池野村《いけのむら》。『日本風俗志』）

これとおなじような伝説は、また加賀の白山《はくさん》にもありました。白山は富士の山と高さくらべをして、勝負をつけるため樋《とい》をわたして水を通しますと、白山がすこし低いので、水は加賀のほうへ流れようとしました。それを見ていた白山方の人が、いそいで自分のわらじをぬいで、それを樋のはしにあてがったところが、それでちょうど双方が平らになった。それゆえに今でも白山にのぼる者はかならず片方のわらじを山の上に、ぬいでおいて帰らねばならぬのだそうです。（石川県能美郡白峰村。『趣味の伝説』）

樋をかけたということはまだ聞きませんが、越中の立山《たてやま》も白山と背くらべをしたという話があります。ところが立山の方が、ちょうどわらじの一足分だけ低かったので、ひじょうにそれを残念がりました。それから後は、立山に参詣《さんけい》する人が、わらじを持ってのぼれば、とくに大きなご利益《りやく》をさずけることにしたといっております。（富山県上新川郡《かみにいかわぐん》。『郷土研究』一編）

それから越前の飯降山《いぶりやま》、これは東どなりの荒島山《あらしまやま》と背くらべをして、馬のくつの半分だけ低いことがわかったそうであります。それゆえにこの山でも、石を持ってのぼる者には、一つだけは願いごとがかなうといって、毎年五月五日の山のぼりの日には、かならず石を持って行くことになっております。（福井県大野郡大野町。同上）

三河の本宮山《ほんぐうさん》と、石巻山《いしまきやま》とは、豊川《とよかわ》の流れをへだてて西東に、今でも大昔以来のたけくらべをつづけていますが、この二つの峰は、寸分も高さの差がないということであります。それで両方ともに石を手に持ってのぼればすこしもくたぶれないが、これと反対に小石一つでも持ってくだると、参詣はむだになり、神罰がかならずあるといいます。つまり低くなることをひじょうにきらうのであります。（愛知県八名郡石巻村《やなぐんいしまきむら》。『趣味の伝説』）

有名な多くの山々では、みんなが背くらべのためではなかったかもしれませんが、ひじょうに土や石をたいせつにして、それを持って行くことをいやがりました。山にわらじを残してくる習慣は、今でもまだほうぼうに行なわれております。白山や立山にはあんな昔話がありますが、世間にはもっと真面目に、その理由を考えていた者も多かったのであります。たとえば奥州金華山の権現は、山の土がわらじについて、島からそとへ出ることを惜しまれるということで、参詣した者は、かならずそれをぬぎすててから船に乗りました。（宮城県牡鹿郡鮎川村《おしかぐんあゆかわむら》。『笈埃随筆《きゅうあいずいひつ》』）

富士山のような大きな山でも、やはり山の土を遠くへ持って行かれぬように、ふもとに砂振《すなぶる》いという所があって、以前は、かならずそこで古いわらじをぬぎかえました。そうして登山者がふみおろした須走口《すばしりぐち》の砂は、その夜のうちにふたたび山の上へかえっていくともいいました。

伯耆《ほうき》の大山《だいせん》でも、山の下の砂が、日がくれると峰にのぼり、朝はまたふもとにさがるといっております。山をうやまい、山の力を信じていた人たちには、それくらいのことはあたりまえであったかもしれませんが、それでもできるだけみんなで注意をして、すこしでも山を低くせぬようにつとめていたのであります。富士の行者は山にのぼる時に、とくにあゆみをつつしんで、石などをふみ落とさぬようにしていたそうですし、また近江国の土を持ってきて、お山におさめる者もあったそうであります。富士は皆様もごぞんじの通り、大昔近江の土が飛んで、一夜にできた山だと言い伝えていますので、それを今もとの国の土をもって、すこしつぎたそうとしたのであります。

神いくさ

日本一の富士の山でも、昔はほうぼうに競争者がありました。人が自分自分の土地の山を、あまりに熱心に愛するために、山も競争せずにはいられなかったのかと思われます。古いところでは、常陸筑波山《ひたちつくば》が、低いけれども富士よりもよい山だといって、そのいわれを語り伝えておりました。大むかし御祖神《みおやがみ》が国々をおめぐりなされて、日のくれに富士に行って一夜の宿をおもとめなされたときに、今日は新嘗《にいなめ》の祭りで家中が物忌《い》みをしていますから、お宿はできませぬといってことわりました。筑波の方ではそれと反対に、今夜は新嘗ですけれどもかまいません。さあさあおとまりくださいと、たいそうなごちそうをしました。神様はひじょうにおよろこびで、この山永くさかえ、人常にきたりあそび、飲食歌舞絶ゆる時もないようにと、めでたい多くのいわいごとを、歌によんでくだされました。筑波が春も秋も青々としげって、男女のたのしい山となったのはそのためで、富士が雪ばかり多く、のぼる人も少なく、いつも食物に不自由をするのは、新嘗の前の晩にたいせつなお客様を、帰してしまったばちだといっておりますが、これはうたがいもなく筑波の山で、たのしくあそんでいた人ばかりが、語り伝えていた昔話なのであります。（茨城県筑波郡。『常陸国風土記』）

富士と浅間山が煙くらべをしたという話も、ずいぶん古くからあったようですが、それはもう残っておりません。ふしぎなことには富士の山でまつる神を、以前から浅間大神ととなえております。富士の競争者の筑波山の頂上にも、どういうわけでか浅間様《せんげんさま》がまつってあります。それから伊豆《いず》半島の南のはし、雲見《くもみ》の御嶽山《みたけやま》にも浅間の社というのがありまして、この山も富士とひじょうに仲がわるいという話でありました。いつのころからいはじめたものか、富士山の神は[11]木花開耶媛《このはなさくやひめ》、この山の神はその御姉の磐長媛《いわながひめ》で、姉神はすがたがみにくかったゆえに神様でもやはり御ねたみが深く、それでこの山にのぼって富士のうわさをすることが、できなかったというのであります。（静岡県賀茂《かも》郡《ぐん》岩科村《いわしなむら》雲見《くもみ》。『伊豆志』その他）

ところがこれからわずか二里（約八キロメートル）あまりはなれて、下田の町の後には、下田富士という小山があって、それは駿河の富士の妹神だといっております。そうして姉様よりもさらに美しかったので、顔を見あわせるのがいやで、あいだに天城山《あまぎさん》を屏風《びょうぶ》のようにお立てになった。それだから奥伊豆はどこからも富士山が見えず、また美人が生まれないと、土地の人はいうそうであります。おおかたもと一つの話が、のちにこういうふうに変わってきたものだろうと思います。（同県同郡下田町。『郷土研究』一編）

越中舟倉山《ふなのくらやま》の神は姉倉媛《あねくらひめ》といって、もと能登《のと》の石動山《せきどうざん》の伊須流伎彦《いするぎひこ》の奥方であったそうです。その伊須流伎彦が、後に能登の杣木山《そまきやま》の神、能登媛を妻になされたので、二つの山のあいだに嫉妬のあらそいがあったと申します。布倉山《ぬのくらやま》の布倉媛は姉倉媛に加勢し、甲山《かぶとやま》の加夫刀彦《かぶとひこ》は能登媛をたすけて、大きな神戦となったのを、国じゅうの神々があつまって仲裁をなされたと伝えております。一説には、毎年十月十二日の祭りの日には、舟倉と石動山と石合戦《いしがっせん》があり、舟倉の権現がつぶてを打ちたまうゆえに、この山のふもとの野には小石がないのだともいっておりました。（富山県上新川郡船崎村舟倉。『肯構泉達録《こうこうせんたつろく》』等）

　これと反対に、阿波の岩倉山は岩の多い山でありました。それは大昔この国の大滝山《おおたきやま》と、高越山《こうづ》とのあいだに戦争があったとき、双方からなげた石がここに落ちたからといっております。そうして今でもこの二つの山に石が少ないのは、たがいにわが山の石をなげつくしたからだということであります。（徳島県美馬郡岩倉村《みまぐんいわくらむら》。『美馬郡郷土誌』）

　それよりもさらに有名な一つの伝説は、野州《やしゅう》の日光山と上州の赤城山《あかぎやま》との神戦《かみいくさ》でありました。古い二荒《ふたら》神社の記録に、くわしくその合戦のありさまが書いてありますが、赤城山はむかでの形をあらわして雲にのってせめてくると、日光の神は大蛇になって出《い》でてたたかったということであります。そうして大蛇はむかでにはかなわぬので、日光の方が負けそうになっていた時に、猿丸太夫《さるまるだゆう》という弓の上手な青年があって、神にたのまれて加勢をして、しまいに赤城の神を追いのけた。その戦をした広野を戦場ヶ原といい、血は流れて赤沼となったともいっております。誰がきいても、ほんとうとは思われない話ですが、以前は日光の方ではこれを信じていたとみえて、後世になるまで、毎年正月の四日の日に、武射《ぶしゃ》祭《まつ》りと称して神主が山にのぼり、赤城山の方にむかって矢を射放つ儀式がありました。その矢が赤城山にとどいて、明神の社のとびらに立つと、氏子たちは矢抜きの餅《もち》というのをそなえて、扉の矢をぬいてお祭りをするそうだなどといっておりましたが、はたしてそのようなことがあったものかどうか。赤城の方の話はまだわかりません。（日光山名跡志等。『二荒山神伝』）

しかし少なくとも赤城山の周囲においても、この山が日光となかがわるかったこと、それから大むかし神戦があって、赤城様が負けてけがをなされたことなどを言い伝えております。利根《とね》郡老神《おいがみ》の温泉なども、今では老神という字をかいていますが、もとは赤城の神が合戦に負けて、にげてここまでこられたゆえに、追神《おいがみ》ということになったともいいました。（群馬県利根郡東村老神。『上野志』）

それからまた赤城明神の氏子だけは、けっして日光にはまいらなかったそうであります。赤城の人がのぼってくるとかならず山があれると、日光ではいっておりました。東京でも牛込《うしごめ》はもと上州の人のひらいた土地で、そこには赤城山の神をまつった古くからの赤城神社がありました。この牛込には徳川氏の武士が多くその近くに住んで、赤城様の氏子になっていましたが、この人たちは、日光にまいることができなかったそうであります。もし何か役目があって、ぜひ行かなければならぬときには、その前に氏神に理由をつげて、その間だけは氏子を離れ、築土《つくど》の八幡だの市谷《いちがや》の八幡だのの、かりの氏子になってから出かけたということであります。（『十方庵遊歴雑記』）

　奥州津軽の岩木山の神様は、丹後国の人がひじょうにおきらいだということで、知らずに来たばあいでもかならずわざわいがありました。昔は海が荒れたりわるい陽気のつづく時には、もしや丹後の者が入りこんではいないかと、宿屋や港の船をかたっぱしからしらべたそうであります。これはこの山の神がまだ人間の美しいお姫様であったころに、丹後の由良《ゆら》という所でひどいめにあったことがあったから、そのおいかりが深いのだといっておりました。（『東遊雑記』その他）

　信州松本の深志《ふかし》の天神様の氏子たちは、島内《しまうち》村の人と縁組みをすることをさけました。それは天神は菅原道真《すがわらみちざね》[12]であり、島内村の氏神武《たけ》の宮は、その競争者の藤原時平《ふじわらときひら》[13]をまつっているからだということで、よめむこばかりでなく、奉公に来たものでも、この村の者はながらくいることができなかったそうであります。（長野県東筑摩郡島内村。『郷土研究』二編）

　時平を神にまつったというお社は、また下野《しもつけ》の古江《ふるえ》村にもありました。これもとなりの黒袴《くろばかま》という村に、菅公をまつった鎮守の社があって、前からその村と仲がわるかったゆえに、こういう想像をしたのではないかと思います。この二つの村では男女の縁をむすぶと、かならず末がよくないといっていたのみならず、古江のほうでは、庭に梅の木をうえず、また襖屏風《ふすまびょうぶ》の絵に梅をかかせず、衣服の紋様にもそめなかったということであります。(栃木県安蘇郡犬伏町黒袴。『安蘇史』)

下総の酒々井《しすい》大和田《おおわだ》というあたりでも、よほどひろい区域にわたって、もとは一ヵ所も天満宮をまつっていませんでした。その理由は鎮守の社が藤原時平で、天神のかたきであるからだといいましたが、どうして時平大臣をまつるようになったかは、まだ説明せられておりません。(千葉県印旛郡酒々井町。津村氏『譚海』)

丹波の黒岡という村は、もと時平公の領分であって、そこには時平屋敷《しへいやしき》があり、その子孫の者がすんでいたことがあるといっていました。それはたしかな話でもなかったようですが、この村でも天神をまつることができず、たまたま画像《えぞう》をもってくるものがあると、かならず旋風《つむじかぜ》がおこってその画像を空にまきあげ、どこかへか行ってしまうと言い伝えておりました。(兵庫県多紀《たき》郡城北村《じょうほくむら》。『広益俗説弁』残編)

なにか昔から、天神様をまつることのできないわけがあって、それがもう不明になっているのであります。それだから村に社があれば藤原時平のように、生前菅原道真となかがわるかった人の、社であるように想像したものかと思います。鳥取《とっとり》市の近くにも天神をまつらぬ村がありましたが、そこには一つの古塚《ふるづか》があって、それを時平公の墓だといっておりました。こんなところに墓があるはずはないから、やはりのちになって誰かが考えだしたのであります。(鳥取県岩美郡。『遠碧軒記《えんぺきけんき》』)

しかし天神となかがよくないといった社はほかにもありました。たとえば京都では伏見《ふしみ》の稲荷《いなり》は、北野の天神となかがわるく、北野にまいったと同じ日に、稲荷の社に参詣《さんけい》してはならぬといっていたそうであります。その理由として説明せられていたのは、今聞くとおかしいような昔話でありました。むかしは三十番神《さんじゆうばんしん》といって京の周囲の神々が、毎月日をきめて禁中の守護をしておられた。菅原道真の霊が雷になって、御所の近くにきてあばれた日は、ちょうど稲荷大明神が当番であって、雲にのってあらわれてこれをふせぎ、十分にその威力をふるわせなかった。それゆえに神にまつられて後まで、まだ北野の天神は稲荷社にたいして、おこっていられるのだというのでありますが、これももちろん後の人がいいはじめたことに相違ありません。(『渓嵐拾葉集』。『載恩記』等)

あるいはまた天神様と御大師様とは、なかがわるいという話もありました。大師の縁日に雨が降れば、天神のまつりの日は天気がよい。二十一日がもし晴天ならば、二十五日はかならず雨天で、どちらかに勝ち負けがあるということを、京でもほかの田舎でもよくいっております。東京では虎《とら》の門の金毘羅様《こんぴらさま》と、蠣殻《かきがら》町の水天宮様とが競争者で、一方の縁日がお天気なら、ほかの一方はたいてい雨が降るといいますが、たといそんなはずはなくても、なんだかそういう気がするのは、たぶんはとなりどうしの二ヵ所の社が、たがいに相手にかまわずには、ひとりで繁昌《はんじょう》することができぬように、考えられていた結果であろうと思います。

だからむかしの人は氏神といって、ことに自分の土地の神様をたいせつにしておりました。人がだんだん遠くはなれたところまで、おまいりをするようになっても、信心をする神仏は土地によってさだまり、どこへ行って拝んでもよいというわけにはゆかなかったようであります。おなじひとつの神様であっても、一方ではさかえ、ほかの一方ではおとろえることがあったのは、つまりは拝む人たちの競争であります。京都では鞍馬《くらま》の毘沙門《びしやもん》様へまいるみちに、いま一つ野中村の毘沙門堂があって、もとはこれを福惜しみの毘沙門などといっておりました。せっかく鞍馬にまいってさずかってきた福を、惜しんでうばい返されるといって、鞍馬参詣の人はこの堂を拝まぬのみか、わざとさけて東の方のわきみちを通るようにしていたといいます。おなじ福の神でもまつってある場所がちがうと、もう両方へまいることはできなかったのをみると、なかのよくないのは神様ではなくて、やはり山と山との背くらべのように、土地を愛する人たちの負けぎらいがもとでありました。松尾のお社なども境内に熊野石《くまの》があって、ここに熊野の神様がおくだりなされたという話があり、以前はそのお祭りをしていたかと思うにもかかわらず、ここの氏子は紀州の熊野へまいってはならぬということになっていました。それから熊野の人もけっして松尾へはまいってこなかったそうで、このいましめをやぶるとかならずたたりがありました。これなどもたぶん双方の信仰が似ていたために、かえってふたごころをにくまれることになったものであろうと思います。(『都名所図会拾遺』。『日次《ひなみ》記事』)

どうして神様になかがわるいというような話があり、おまいりすればたたりを受けるという者ができたのか。それがだんだんにわからなくなって、人は歴史をもってその理由を説明しようとするようになりました。たとえば横山という苗字《みようじ》の人は、常陸の金砂《かなさ》山にのぼることができない。それはむかし佐竹氏の先祖がこの山に籠城《ろうじよう》していたときに、武蔵《むさし》の横山党の人たちがせめてきて、城の主が没落することになったからだといっていますが、このときに鎌倉将軍の命をうけて、従軍した武士はたくさんありました。横山氏ばかりがいつまでもにくまれるわけはないから、これにはなにかほかの原因があったのであります。(茨城県久慈《くじ》郡《ぐん》金砂《かなさ》村《むら》。『楓軒雑記』)

東京では神田明神のお祭りに、佐野氏の者が出てくるとかならずわざわいがあったといいました。神田明神には平将門《たいらのまさかど》の霊をまつり、佐野はその将門を攻めほろぼした俵藤太秀《たわらとうたひで》郷《さと》の後裔《こうえい》だからというのであります。下総成田の不動様は、秀郷のまもり仏であったという話でありますが、東京の近くの柏木《かしわぎ》という村の者は、けっして成田には参詣しなかったそうであります。それは柏木の氏神鎧《よろい》大明神が、やはり平将門の鎧を御神体としているという言い伝えがあったからであります。(東京府豊多摩郡淀橋町柏木。『共古日録』)

信州では諏訪《すわ》の付近に、守屋《もりや》という苗字の家がたくさんありますが、この家のものは善《ぜん》光寺《こうじ》におまいりしてはいけないといっておりました。しいて参詣すると災難があるなどともいいました。それはこの家が[14]物部守屋連《もののべのもりやのむらじ》の子孫であって、善光寺の御本尊を難波《なにわ》堀江《ほりえ》に流しすてさせた発頭人だからというのでありますが、これもおそらくは後になって想像したことで、守屋氏はもと諏訪の明神につかえていた家であるゆえに、ほかの神仏を信心しなかったまでであろうと思います。（長野県長野市。『松屋筆記』五十）

　天神のお社と競争したとなりの村の氏神を、藤原時平をまつるといったのは妙なまちがいですが、これとよくにた例はまた山々の背くらべの話にもありました。富士となかのわるい伊豆の雲見の山の神を、磐長媛《いわながひめ》であろうという人があると、一方富士の方ではその御妹の、木花開耶《このはなさくや》媛《ひめ》をまつるということになりました。どちらが早くいいはじめたかはわかりませんが、とにかくにこの二人の姫神は姉妹で、一方は美しく一方はみにくく、ねたみからおあらそいであったように、古い歴史にはかいてあるので、こういう想像がおこったのであります。伊勢と大和の国境の高見山という高い山は、吉野川の川下の方からみると、多武峰《とうのみね》という山と背くらべをしているように見えますが、その多武峰にはむかしから、藤《ふじ》[15]原《わら》鎌足《かまたり》をまつっておりますゆえに、高見山の方には蘇我入鹿《そがのいるか》[16]がまつってあるというようになりました。入鹿をこのような山のなかに、まつっておくはずはないのですが、この山にのぼる人たちは多武峰の話をすることができなかったばかりでなく、鎌足のことを思い出すからといって、鎌をもってのぼることさえもいましめられておりました。そのいましめをやぶって鎌を持ってゆくと、かならずけがをするといい、または山鳴りがするといっておりました。（奈良県吉野郡高見村。『即時考』）

この高見山のふもとを通って、伊勢の方へこえて行く峠路《とうげみち》のわきに、二丈（約六メートル）もあるかと思う大岩が一つありますが、土地の人の話では、むかしこの山が多武峰とけんかをして負けたときに、山のあたまがとんで、ここに落ちたのだといっております。そうしてみると蘇我入鹿をまつるよりも前から、もう山と山とのあらそいはあったので、そのあらそいにまけた方の山のあたまが、とんだという点も羽後の飛島、あるいは常陸の石那阪の山の岩などと、同様であったのであります。どうしてこんな伝説がそこにもここにもあるのか。そのわけはまだくわしく説明することができませんが、ことによると負けるには負けたけれども、それは武蔵坊弁慶が牛若丸だけに降参したようなもので、負けた方もけっして平凡な山ではなかったと、考えていた人が多かったためかもしれません。ともかくも山と山との背くらべは、いつでもいたってきわどい勝ち負けでありました。それだから人は二等になった山をも軽蔑《けいべつ》しなかったのであります。日向《ひゅうが》の飯野郷《いいのごう》というところでは、高さ五尋《いつひろ》（約七・五〜九メートル）ほどの岩が野原のまんなかにあって、それを立《たて》石《いし》権現と名づけて拝んでおりました。そこから遠くにみえる狗留孫《くるそん》山《ざん》の絶頂に、卒都婆《そとば》石、観音石という二つの大岩がならんでいて、むかしはその高さが二つまったく同じであったのが、後に観音石の首がおれて、神力をもってとんでこの野に来て立った。それゆえに今では低くなりましたけれども、人はかえってこの観音石のあたまを拝んでいるのであります。（宮崎県西諸県郡《にしもろかたぐん》飯野村原田。『三国名所図会』）

肥後の山鹿《やまが》では下宮《しもみや》の彦嶽《ひこだけ》権現の山と、蒲生《がもう》の不動岩とは兄弟であったといっております。権現は継子《ままこ》で、母が大豆ばかり食べさせ、不動は実子だから小豆《あずき》を食べさせていました。のちにこの兄弟の山が綱を首にかけて首っぴきをした時に、権現山は大豆を食べていたので力がつよく、小豆でやしなわれた不動岩は負けてしまって、首をひき切られて久原《くばら》という村にその首が落ちたといって、今でもそこには首岩という岩が立っています。揺嶽《ゆるぎだけ》という岩はそのまんなかに立っていて、首ひきの綱にひっかかってゆるいだから揺嶽《ゆるぎだけ》、山に二すじのくぼんだところがあって、そこだけ草木のはえないのを、綱ですられたあとだといい、小豆ばかり食べていたという不動の首岩の近くでは、今でもそのために土の色が赤いのだというそうであります。（熊本県鹿本郡《かもとぐんみ》三玉村《たまむら》。『肥後国志』等）

伝説と児童

諸君の家のまわり、毎日あるいている道路のかたわらにも、もとはこれよりもっとおもしろい伝説が、いくらともなく残っていたのであります。学校に行く人たちがいそがしくなって、しばらくかまわずにおくうちに、もうおぼえていて話してくれる人がいなくなりました。それから美しい沼が田になり、みごとな大木が枯れてかたづけられてしまうと、当分はそのうわさをすることがかえって多いけれども、のちに生まれた者には感じがうすいので、おいおいに忘れてゆくようになるのであります。村などはこのためにだいぶさびしくなりました。

伝説は、今までかなり久しいあいだ、子供ばかりを聞き手にして話されておりました。もっとも大人もわきにいて聞いてはいるのですが、たいていはおさらいをするおりがないために、子供のようにながく記憶して、ずっと後になってからまたほかの人に話してやるほどに、熱心にはならなかったのであります。子供のおさらいは、その木の下であそび、またはみんなとつれだって、その岩の前や淵《ふち》の上、池の堤をただ通っていくことでありました。話は不得手だから誰もくわしくは話しませんが、そのたびごとに一同は前に聞いたことを思い出して、しばらくは同じような心持ちになって、たがいに目を見あうのであります。人が年を取って話をすることが好きになり、またじょうずになって後に、むかしのことだといってきかせる話は、おおかたは、こうした少年のころに、おぼえこんだ話だけでありました。だからどんな老人のおしえてくれる伝説にも、かならずある時代の児童が関係しております。そうしてもし児童が関係をしなかったら、日本の伝説はもっと早くなくなるか、またはおもしろくないものばかり多くなっていたにちがいないのであります。

だから皆さんが若いうちに、聞いておく話が少なくなり、またそれをおぼえていることがだんだんにむずかしくなると、書物をその年寄りたちのかわりに、たのむよりほかはないのであります。書物には大人に聞かせるような話、大人が珍しがるような話が多いのでありますが、今ではこのなかからでないと、昔の児童の心持ちを、知ることはできぬようになりました。国がぜんたいにまだ年が若く、誰でも少年のごとくいきいきとした感じをもって、天地万物をながめていた時代が、かつて一度は諸君のあいだにばかり、つづいていたこともありました。書物はまわりまわってそれを今、ふたたび諸君に語ろうとしているのであります。

もとは小さな人たちは絵入りの本をよむように、目にいろいろの物のすがたを見ながら、古くからのいい伝えをきいたり思い出したりしていたのであります。垣根の木にくる多くの小鳥は、そのなき声のいわれを説明せられている間、そこいらをとびまわって話の興をそえました。路《みち》のほとりのさまざまの石仏なども、昔話を知っている子供らには、うなずくようにも、またほおえむようにも見えたのであります。そのうちでも年をとってから後に、そのころのことを考える者に、いちばんなつかしかったのは地蔵様でありました。大きさがたいていは十一、二の子供くらいで、顔は仏さまというよりも、人間の誰かににているので見おぼえがありました。そうしてまた多くの伝説の管理者だったのであります。

村ごとに別の話、一つ一つの名前を持っていたのも、石地蔵にもっとも多かったようであります。こういう児童の永年の友だちが、いつの間にかいなくなりそうですから、ここには百年前の子供らにかわって、書物に残っている三つ四つの話をしてみましょう。古くから有名であったのは、矢負《お》い地蔵に身代わり地蔵、信心をするものの身がわりになって、後に見ると背中に敵の矢が立っていたなどという地蔵ですが、これはまだその人だけのふしぎであります。土地に縁のふかい地蔵様になると、とくにたのまずとも村のためにはたらいてくださるといって、むしろ意外なできごとがあってから後に、拝みに来る者がかえって多くなるので、そのなかでも、ことに地蔵は、農業にたいして同情があついということが、一同の感謝するところでありました。足洗わずの地蔵というのは、ときどき百姓の姿になって、いそがしい日に手つだいに来てくださる。水引き地蔵は田の水のたりない時に、そっとみぞを切ってこちらの田だけに水を引き、そのために隣の村からうらまれるようなこともありましたが、それが地蔵のしわざだとわかると、おこる者はなくなって、ただ感心するばかりでありました。

鼻取り地蔵というのもまた農民の同情者で、東日本では多くの村にまつっております。私の今いる家からいちばん近いのは、上作延《かみさくのべ》の延命寺《えんめいじ》の鼻取り地蔵、荒れ馬をおとなしくさせるのがご誓願で、北は奥州南部のへんまでも、音にきこえた地蔵でありました。むかしこの村の田植えの日に、名主の家の馬が荒れてこまっていると、見なれぬ小僧さんがただひとり来て、その口を取ってくれたらすぐにしずかになった。つぎの日、寺の和尚がお経を読もうとして行ってみると、御像《みぞう》の足に泥がついている。それできのうの小僧が地蔵様であったことが知れて、大評判になったということです。（神奈川県橘樹郡《たちばなぐん》向丘村上作延。『新編武蔵風土記稿』）

ところがまた八王子の極楽寺《ごくらくじ》という寺でも、これは地蔵ではないが、本尊の阿彌陀様《あみださま》を、鼻取り如来とよんでおりました。むかしこの近所にあった寺の田を、百姓がなまけてたやしてくれないのでこまっていると、これも小僧があらわれて、馬の鼻をとって助けたといっております。どういうわけでかこの阿彌陀如来は、唇《くちびる》がひらき歯がみえて、ちょっと珍しい顔の仏様であるので、一名を歯ふき仏ともとなえたそうであります。（東京府八王子市子安。同上）

駿河の宇都谷峠《うつのやとうげ》の下にある地蔵尊は、聖徳《しょうとく》太子の御作だというのに、これも鼻取り地蔵という異名がありました。かつて榛原郡《はいばらぐん》の農家で、牛の鼻とりをして手つだってくれられたということで、願いごとのある者は、鎌を持って来て献納したというのは、農業がお好きだと思っていたからでありましょう。ある時はまた日光山のお寺の食責《じきぜ》めの式へでかけて、さかんに索麵《そうめん》を食べたといって、索麵地蔵という名前を持っておられたそうです。

（静岡県安倍郡長田村宇都谷。『駿国雑志』）

鼻取りというのは、六尺（約一・八メートル）ばかりの棒であります。牛馬をつかって田をうなう時に、この棒を口のところにゆわえて引きまわるのです。今ではそれを用いる農家が、東北の方でも、だんだん少なくなりましたが、田植えの前のひじょうにいそがしい時に、もとはこの鼻取りに別の人手がかかるので、しかたなしに多くは少年がその役につかわれ、うまくできないのでよくしかられていました。地蔵が手伝いに来て、わざわざそういうしごとをしてくださるといったのは、まことに少年らしい夢であります。もとはこういうさすの棒もなしに、直接に牛や馬の鼻の綱をとりましたから、彼らにはかなりつらいしごとでありましたが、もともと牛馬を田につかうということが、東の方ではそう古くからではありません。だからこれなども新しくできた伝説であります。石城《いわき》の長友《ながとも》の長隆寺《ちょうりゅうじ》の鼻取り地蔵などは、ある農夫がしろかきの時に、ひどく鼻とりの少年をしかっていると、どこからともなく別の子供がやって来て、その代わりをしてくれて、それは農夫の気に入りました。後で礼をしようと思ってさがしてみたがみえない。に、小さな泥足のあとがついております。さては地蔵が少年のしかられるのをかわいそうに思って、代わって鼻とりをつとめてくださったのだと、後にわかってありがたがったという話であります。この地蔵は安阿彌《あんなみ》とかの名作で、今では国宝になっているたいせつなお像であります。（福島県石城郡大浦村《いわきぐんおおうらむら》長友。『郷土研究』一編）

また福島の町のちかくで、腰浜《こしのはま》の天満宮のとなりにある地蔵にも同じ話があって、お堂の名を鼻取庵《はなとりあん》といっておりました。これも子供にばけて田の水をひき、馬の鼻をとってひきまわして手つだいました。昼飯の時につれてきてごちそうをするつもりで、田からあがってほうぼうをたずねたが見えない。たずねまわってお堂の中にはいって見ると、地蔵の足に田の泥がついていたというのであります。（福島県福島市腰浜。『信達一統志』）

登米《とめ》の新井田《あらいだ》という部落では、むかしとなりの郡から分家をしてきた者が、七観音と地蔵とを内神《うちがみ》としてもってきて、やしきに堂をたてて、ていねいにまつっておりました。村の人たちもおまいりをして拝んでいましたが、農がせわしいころには、ときどき見たことのない子供がやってきて、ほうぼうの家の鼻とりの加勢をしてくれることがあって、それがこの地蔵様だとみな思っていたそうで、しろかき地蔵ととなえて今でも拝んでいます。（宮城県登米郡宝江村《とめぐんたからえむら》新井町。『登米郡史』）

それから安積《あさか》郡の鍋山《なべやま》の地蔵様も、よく農業の手つだいをしてくださるという話があって、わざわざこの村を開墾するさいに、となりの野田《のだ》山から迎えて来たのだそうです。（『相生集』）

『地蔵菩薩霊験記《じぞうぼさつれいげんき》』という足利《あしかが》時代の書物にも、こういう話はいろいろと出ております。出雲《いずも》の大社の農夫がしんじんしていた地蔵様は、十七、八の青年にばけて、その農夫が病気の時に、代わりにでてきて、お社の田ではたらいたということです。あまりよくはたらくので奉行《ぶぎょう》が感心して、食事の時にさかずきを一つやりました。よろこんで酒をのんで、そのさかずきをあたまの上にかぶり、後にどこへか帰っていきました。翌日になって、農夫がこのことを聞き、もしやと思って厨子《ずし》の戸をあけて見ると、はたして地蔵様がさかずきをかぶって、足は泥だらけになって立っておられたといいます。近江の西山村の佐吉という百姓は、病気で田の草もとることができずにいると、日ごろ信心の木本《きのもと》の地蔵が、いつの間にか来て、すっかり草をとってくださった。朝のうちさんけいの路で見たときには、あれほどおいしげってどうしようかと思った田の草が、帰りに見るともうひとつも残らずとってある。どうしたことかと思って近くにいたものにたずねると、今のさき七十ばかりの老僧が、田のくろを一まわりあるいていられるのを見たほかには、誰も来た人はないというので、それでは地蔵の御方便でたすけてくださったものであろうと、ひきかえしてお堂へ行ってみると、そこらあたりが一面に泥足のあとで、それがお厨子の中までもつづいていたと書いてあります。

あるいはまた、田植えのころに水げんかがあって、一人の農夫がけがをして寝ていると、夜のあいだに小僧さんが来て、その男の田に水を入れている。それをにくむ者が後から矢を射かけると、にげてどこかへいってしまった。後にこの家の地蔵様を拝もうとして見ると、背中に矢が立って、田の泥が足についていた。こういう水引き地蔵の話も古くからありました。また筑後国の田舎では、八講の米をつくる田へ夜になると水をひく者がある。村の人がおおぜい出て見ると、若い法師が杖《つえ》をもって田の水口に立ち、みぞの水をかきまわしているのが、月の光でよく見えました。杖を流れに入れてかくようにすれば、細い溝川が波を打って、どうどうと上手へ流れ、水はことごとくその田にはいりました。これも矢を射られて後で見ると、地蔵の背中に立っていたといいますが、その矢が山鳥の羽をもってはいであったというのは、前に申した足利の片目清水とにています。このふしぎにおそれ入って、その田を寄進してお寺をたて、それを矢田寺《やだでら》と名づけたということであります。

こういう話は、地蔵様でなくても、あるいは上総の庁南《ちょうなん》の草取仁王《におう》だの、駿河の無量寺《むりょうじ》の早乙女《さおとめ》の彌陀《みだ》だの、秩父の野上《のがみ》の泥足《どろあし》の彌陀《みだ》だのというのが、そちこちの村にはあったのですが、その中でもいちばん人間らしく、また子供らしいことをなされたのが地蔵でありました。仏教の方でも、地蔵尊は人を救うために、どこへも行き誰とでもおつきあいなさるといって、つまらぬ旅僧のすがたで杖をもって、しじゅうあるいていられるように考えていますが、日本の話はそれだけではないようであります。遠州の山の中のある村では、百姓が粟《あわ》畑の夜番をするのにこまって、もしこの畑の番をして、鹿猿《しかさる》に食わさぬようにしてくだされば、後に粟《あわ》の餅《もち》をこしらえてあげましょうと、石地蔵に向かっていいました。そうしておいてすっかり忘れていると、地蔵がたいそう腹をたてて、その男は病気になりました。気がついておどろいて粟の餅を持っていったら、すぐに全快したという話もあります。尾張の宮地《みやじ》太郎という武士が花見をしていると、山の地蔵様が山伏にばけてきてのぞきました。そうしてよびこまれて歌をよみ、烏帽子《えぼし》をかぶり鼓を打って、お獅子《しし》を舞ったという話もあります。

またある所では、信心ぶかい老人があって、毎日夜明け前に門口に出て、地蔵様の村をまわってあるかれるおすがたを見ようとしていました。何年かそうしているうちに、とうとう地蔵様を拝んだということであります。その様子がまるで人間と、すこしも違わなかったといっております。地蔵の夜遊びということは、多くの村で聞く話でありました。たとえば埼玉県の野島《のじま》の浄山寺の片目地蔵などは、あまりよく出ていかれるので、住職が心配して、背中にくぎを打ってくさりでつないでおくと、たちまち罰《ばち》があたって、悪い病にかかって死んだといいます。それからは自由に夜遊びをさせていたところ、あるとき茶畠《ちゃばたけ》にはいって、茶の木で目をついたといって、今でもその木像は片目であります。またその目の傷を門前の池の水であらったといって、今でもその池にすむ魚は、ことごとく片目であるそうです。（埼玉県南埼玉郡萩島村野島。『十方庵遊歴雑記』）

東京でも、下谷《したや》金杉《かなすぎ》の西念寺《さいねんじ》に、眼洗い地蔵というのがありました。それから鼻欠け地蔵だの、塩嘗《な》め地蔵だのと、おもしろい名前がいくらもありました。夜更《よふけ》地蔵、踊り地蔵、物言い地蔵などというのもありますが、伝説はもう多くは残っておりません。またときどきは道ばたの地蔵で、いたずらをして旅人をこまらせたという話もあります。相州大磯には、ばけ地蔵、一名袈裟《けさ》切り地蔵というのがもとはありました。伊豆の仁田《にった》の手無し仏というのも石地蔵であって、毎晩鬼女にばけて通行の者をおどしているうちに、あるとき強い若侍に出あって、手をきられて林の中へにげこみました。翌朝行ってみると、地蔵の手が田のくろに落ちていたというのもおかしな話であります。（静岡県田方郡函南村仁田《たがたぐんかんなみむらにた》。『伊豆志』）

しばられ地蔵というのにはいろいろあって、京都の壬生寺《みぶでら》の縄目《なわめ》地蔵などは、ひとつは身代わり地蔵でありました。武蔵の住人香匂新佐衛門《かがわしんざえもん》、この寺にかくれて追手をうけ、すでにあやういところを本尊の地蔵が代わってくだされて、しばってきてからよく見ると、地蔵尊であったというのは、そそっかしい話であります。そうかと思うと品川の願行寺《がんぎょうじ》のしばり地蔵などは、ねがいごとをする者が毎日来て、縄で上から上へとしばりました。それを一年に一度、十夜の晩に、寺の住職がすっかりほどいておくと、つぎの日からまたしばりはじめるのでありました。（東京府荏原郡《えばらぐん》品川町南品川宿。『願掛重宝記』）

もとはこれなどは縄をむすんだので、しばったのではないようであります。今でも神木とかお堂の戸の金網とかに、紙切れや糸紐《いとひも》をむすびつけることがよくあって、こうして人と神様とのあいだに、連絡をつけようとしたらしいのであります。前に鼻取り地蔵の話をした上作延の村などにも、しばり松、一名聖松《ひじりまつ》という大木がもとはあって、願がけをする人は縄を持ってきて、この松をしばりました。そうして願いごとがかなうと、お礼にまいってその縄をといたのであります。しばるというために、何かわるいことでもしたように考えて、いろいろの話がはじまりました。亀井戸《かめいど》の天神の境内には、頓宮神《とんぐうじん》という小宮があって、その中には爺と婆との木像がおいてありました。その後には青赤二つ鬼が縄を持って立っています。頓宮神というのはこの爺様のことで、昔菅公が筑紫に流された時に、婆は親切であったが、爺の方はまことにつらくあたりました。それで今でもおまいりをする人は、わざわざ鬼の持っている縄で爺の体をまきつけて天神に願がけをする。そうして七日目には、その縄をとくのだといっております。（東京府南葛飾郡亀戸町。同上）

　雨乞《あまご》いの祈禱《きとう》にも、よく石地蔵はしばられました。羽後《うご》の花館《はなだて》の滝宮《たきみや》明神は水の神で、御神体はむかしは石の地蔵でありました。これを土地の人は雨地蔵、または雨恋い地蔵ともとなえて、旱《ひでり》のとしには長いつなをしばりつけて、石像を洪福寺《こうふくじ》淵《ぶち》にしずめておくと、かならずそれが雨乞いになって雨が降るといいました。（秋田県仙北郡花館村。『月之出羽路』）

　ところによっては、ただ雨乞い地蔵の開帳をしただけで、雨が降るものと信じていた村もありますが、なかなかそれだけでは降らぬので、おりおりはもっときついことをしたのであります。熊野の芳養《はや》村のどろ本《もと》の地蔵尊などは、御像を首の根まで川の水にひたして雨乞いをしました。（和歌山県西牟婁《にしむろ》郡中芳養《なかはや》村《むら》。『郷土研究』一編）

播州船阪《ふなさか》山の水掛け地蔵は、堂のわきにある古井の水をくんで、そのなかで地蔵を行水させ、あとでその水を信心の人が飲みました。いまでは雨乞いとは関係がないようですが、この井戸もいかなるひでりでもかれることがないといっております。（兵庫県赤穂《あこう》郡《ぐん》船阪《ふなさか》村《むら》高山。『赤穂郡誌』）

肥前の田平《たびら》村の釜《かま》が淵《ふち》などでは、ひでりのときには土地の人があつまってきて、いっしょうけんめいになって淵の水をくみだします。深さが半分ばかりにもへると、水のなかに石の頭が見えてくるのを、地蔵菩薩の御首《みぐし》といっていまして、それまで替えほしてくると、たいてい雨が降ったということです。（長崎県北松浦郡田平村。『甲子夜話《かっしやわ》』）

こういう雨乞いの仕方は、ずっと昔から日本にはあったので、地蔵はただ外国からはいってきて、後にその役目を引きついだばかりではないかと思います。

筑後の山川村の瀬の淵というところでは、むかし平家方のあるひとりの姫君が、入水《じゅすい》してこの淵の主《ぬし》となり、今でも住んでおられる。それはおどろくような大鯰《おおなまず》だなどといっておりますが、岸には七霊社というほこらをたてて姫の木像がまつってあります。ひでりの場合にはその像をとりだし、淵の水中に入れておくのが、この土地の雨乞いの方法でありました。（福岡県山門《やまと》郡《ぐん》山川村。『耶馬台国探見記』）

大和の丹生谷《にゅうだに》の大仁保《おおにほ》神社は、ぞくに御丹生《おにゅう》さんといって水の神で、また姫神でありまず。ここでも雨乞いには御神体を水のなかにしずめて、すこし待っているとかならず雨が降るということでありました。（奈良県高市郡船倉村丹生谷。『高市郡志料』）

武蔵の比企《ひき》の飯田《いいだ》の石船《いわぶね》権現というのは、以前は船の形をした一尺五寸（約四十五センチ）ばかりの石が御神体でありました。社の前にある御手洗《みたらし》の池に、この石をひたして雨をいのれば、かならず験《しるし》があると信じていましたが、どうしたものか後には御幣ばかりになって、もうその石は見えなくなったといいます。（埼玉県比企《ひき》郡《ぐん》大河村《おおかわむら》飯田《いいだ》。『新編武蔵風土記稿』）

それから石地蔵に、いろいろの物をぬりつけること、これも仏法が持ってきた教えではなかったようであります。雨乞いのためにする例は、羽後の男鹿《おが》半島に一つあります。鳩《はと》崎《ざき》の海岸に近く寝地蔵といっていたのは、ただ梵字《ぼんじ》をほりつけた一つの石碑でありましたが、つねには横にしてあって、雨乞いの時だけこれを立てて、石に田の泥を一面にぬります。そうするときっと降るといっておりました。（秋田県南秋田郡北浦町野村。『真澄遊覧記』）

これはおそらく泥《どろ》でよごすと、洗わなければならぬから雨が降るのだと、思っていたのでありましょうが、そうでなくても地蔵には泥をぬりました。大和の二階堂の泥掛け地蔵などは、毎月二十四日の御縁日に、いまでも仏体にどろをかけてお祭りをしています。

（奈良県山辺郡二階堂村《やまべぐんにかいどうむら》。『大和年中行事一覧』）

油掛け地蔵といって、参詣《さんけい》の人が油をかけて拝む地蔵もありました。大阪のちかくの野中の観音堂のわきには、黒掛け地蔵というまっ黒な地蔵さんがありました。願いごとのかのうた人が、かならず墨汁《すみじる》をもってきてかけたのだそうです。（『浪華百事談』）

羽前狩川《うぜんかりかわ》の冷岩寺《れいがんじ》の前には、毛呂美《もろみ》地蔵というのもありました。以前ふつうの家でも酒をつくることのできたころに、この近所の者は、もろみといって酒になりかけの米のしるを、まず一ぱいだけくんできて、地蔵の頭からあびせる。それがだんだんとくさって路を通る者が鼻をつまむほどくさかったけれども、だれ一人としてこれを洗いきよめる者はなかったそうです。むかしある農夫があまりきたない地蔵様だといって、それをすっかり洗ってあげたところが、たちまち罰をこうむって、一家内疫病にかかり、大きななんぎをしたという話もあり、おそれて手をつける者がなかったのであります。（山形県東田川郡狩川村《ひがしたがわぐんかりかわむら》。『郷土研究』二編）

それからまた、粉掛け地蔵というのもたくさんあります。伊予の道後《どうご》の温泉にあるものは、参詣の人がおしろいをもって来てふりかけました。その名を粉つき地蔵といい、ほんとうは子好き地蔵だろうという説もありましたが、たしかなことはどうせわかりません。（愛媛県温泉郡道後湯之町《おんせんぐんどうごゆのまち》。『日本周遊奇談』）

駿河の鈴川の近くにも、小僧にばけたというので有名な石地蔵がありましたが、これもお祭りの時におしろいをぬって化粧をしました。(静岡県富士郡元吉原村。『甲子之古道』)

相模の弘西寺村の化粧地蔵、これも願がけをする人が白粉《おしろい》や、胡粉《ごふん》を地蔵のお顔にぬって拝みました。(神奈川県足柄上郡南足柄村弘西寺。『新編相模風土記稿』)

近江の湖水の北の大音《おおと》村の粉掛け地蔵は、このへんの工場で糸とりをする娘たちが、手があれたときには、米か麦の粉を一つかみ持ってきて、この地蔵にふりかけると、さっそくよくなるといっております。(滋賀県伊香郡伊香具村大音。『郷土研究』四編)

安芸《あき》の福成寺《ふくしょうじ》の虚空蔵《こくうぞう》の御像には、ふきんの農民が常に麦の粉や、米の粉を持ってきてそなえました。それはこの仏の御名を「粉喰《く》うぞ」というのかと思って、それならば粉をあげたらよろこばれるだろうということになったとの話もありますが(『碌々雑話』)、これとてもはやくから粉をかけていたために、いっそうそんな説明が信じやすくなったのかもしれません。とにかくに虚空蔵は、地蔵にたいする言葉で、もとは兄弟のようなかであったのですが、土に縁のふかい地蔵尊だけが、特別に農村の人気をあつめることになったので、それには諸君のごとき若い人たちが、いつでもひいきをしていたことが大いなる力でありました。

京都ではもう古いころから、毎年七月の二十四日には六地蔵詣《まい》りといって、多くの人が近在の村をまわってあるきました。村の方では休みどころをつくってお茶を出し、子供は道のはたの石仏をひとつ所にあつめて来ました。そうしてその顔を白くぬってすべてこれを地蔵となづけ、花をたてて食べ物をそなえて、町から来た人に拝ませました（『山城四季物語』）。私などのいなかでも、夏の夕方の地蔵祭りは、村の子のもっとも楽しいときで、三角にむすんだ小豆《あずき》飯の味は、年をとるまで誰でもみなよくおぼえています。

土地によっては寒い冬のなかばに、地蔵の祭りをした所もあります。伯耆《ほうき》国のある村では、それを大師講といって、十一月二十四日の夜の明けぬ前に、生のだんごを持ってみちの辻《つじ》にゆき、それを六地蔵の石の像にぬりつけました。いちばん早くぬって来た者は、大きくなってから美しい嫁をもらい、いい男を婿《むこ》に取るといっておりました。（鳥取県日野郡霞村《かすみむら》。『霞村組合村是』）

大阪天王寺《てんのうじ》の地蔵祭りは、以前には旧の十一月の十六日でありました。この朝早く子供たちは、米の粉を持ってきて地蔵のお顔にぬり、その夕方にはまたわらびをたいて、まっくろにいぶしました。そうして「明年の、明年の」とはやして、おわかれのおどりをおどったということであります。（『浪華百事談《なにわひゃくじだん》』）

人によっては、これは道碌神《どうろくじん》の祭りともいいました。道碌神は道祖神《さえのかみ》のことでありますが、これも少年とひじょうになかのよい辻の神で、もとは地蔵と一つの神であったのですから、そういってもけっしてまちがいではありません。道祖神はたいていのところでは、正月十五日にそのお祭りをしました。木でつくった場合にでも、やはり子供らは白いものをぬりました。東京から西に見える山の中の村などでは、この日のどんど焼きの火のなかへ、石の道祖神を入れて黒くいぶしました。信州川中島の村々では、二月の八日がお祭りの日でありますが、この朝は餅をついて、これを藁製《わらせい》の馬に負わせ、道碌神の前までひいて行き、その餅を神様の石像にところきらわずぬりつけるそうであります。

町の児童も近いころまで、「かげや道碌神」と唱えて、月の夜などには遊んでいました。

東北の田舎では三十年ぐらい前まで、地蔵遊びという珍しい遊戯もありました。一人の子供に南天の木の枝をもたせ、親指をかくして手をにぎらせ、その子をとりまいてほかの多くの子供が、かあごめかごめのようにぐるぐるとまわって、「おのりゃあれ地蔵様」と、なんべんもとなえていると、だんだんにその子が地蔵様になります。

物おしえにござったか地蔵さま
遊びにござったか地蔵さま

といって、みんながおもしろく歌ったりおどったりしましたが、もとは紛失物などのある時にも、この子供の地蔵のいうことを聞こうとしました。またある村では、遊び地蔵といって、いつも地蔵さまの台石ばかりあって、地蔵はどこかへ出かけているという村もありました。そういうのは、若い衆が辻の広場へ持ち出して、力だめしの力石にしているのです。嫁入り婿入り祝言のある時にも、やはり石地蔵は若い衆にかつがれて、その家の門口へ遊びに来ました。地蔵講の地蔵には、廻《まわ》り地蔵といって、つぎからつぎとなかまの家に、一月ずつ遊んでゆくのもありました。

子供がなくなると、悲しむ親たちは腹掛けや頭巾《ずきん》、胸あてなどをこしらえて、辻の地蔵尊にあげました。それで地蔵もよく子供のような風《ふう》をしています。そうして子供たちと遊ぶのが好きで、それをじゃまするとおりおり腹をたてました。縄でひっぱったり、道の上にころがして馬のりにのっていたりするのを、そんなもったいないことをするなとしかって、きれいにあらってもとの台座にもどしておくと、夢にその人のところへ来て、えらく地蔵がおこったなどという話もあります。せっかく小さい者とおもしろく遊んでいたのに、なんでお前は知りもしないで、ひきはなしてつれもどったかと、さんざんにしかられたので、おどろいてもとのとおりに子供と遊ばせておくという地蔵もありました。

なるほど親たちは何も知らなかったのですけれども、子供たちとても、またやはり知らないのであります。いまごろ新規にそんなことをはじめたら、地蔵様はかならずまた腹を立てるでしょうが、いつの世からともなく代々の児童が、そうしてともどもに遊んでいるものには、何かそれだけの理由があったのであります。遠州国安《くにやす》村の石地蔵などは、村の小さな子が小石を持ってきて、たたいて穴をほりくぼめて遊ぶので、なんど新しく造っても、じきにこわれてしまいました。それを惜しいと思ってこごとをいったところが、その人はかえって地蔵のたたりを受けたということです。（静岡県小笠郡中浜村国安。『横須賀郷里雑記』)

このようなつまらぬ小さな遊び方でさえも、なお地蔵さまの像よりずっと前からあったのであります。昔というもののなかには、かぞえきれないほど多くの不思議がこもっています。それをくわしく知るためには、大きくなって学問をしなければなりませんが、とにかくに大人のもう忘れようとしていることを、子供はわけを知らぬために、かえっておぼえていた場合が多かったのであります。木曽の須原《すはら》には、射手《いで》の彌陀堂《みだどう》というのがありました。もとは春の彼岸《ひがん》のお中日に、この宿《しゅく》の男の子があつまってきて、やさいことといって小弓をもって、阿彌陀の木像を射て、大笑いをして帰るのがお祭りであったそうです。

(長野県西筑摩郡大桑村須原。『木曾古道記』)

仏様を射るということは、たいへんなことですが、これにも神様が目をおつきになったというたぐいの、古い伝説があったのかもしれません。越後の親不知《おやしらず》の海岸に近い青木阪《あおきざか》の不動様は、越後信州東京の方の人は、不動様といって拝み、越中から西の人は、乳母様《うばさま》ととなえて信心していました。お寺では今から四百年ほど前に、野宮権九郎《ののみやごんくろう》という人が海からひろいあげた仏様だといいますが、土地の人は、もとからこの沖の小さな島に、子産み殿といって祀《まつ》ってあった神様だと思っていまして、字を知らぬ人のいった方がどうも正しいようであります。というわけは、このお堂へは、母になって乳の足りない女の人が、多くおまいりをして来たのであります。そうしてお礼には小さなつぐらといって、赤ん坊を入れておく藁《わら》製の桶《おけ》のような物を持ってきて、堂のかたわらの青木の枝にぶらさげますが、その数はいつも何百とも知れぬほどあるといいます。この神様も地蔵と同じように、ひじょうに子供がお好きであるということで、何かという時には、村々から多くの児童があつまってきたということです。あんなこわい顔をした不動様でも、姥神といっしょに住めばつぐらの子の保護者でありました。お盆になると少年が閻魔堂《えんまどう》にまいるのも、やはりあの変な婆さんがいるからでした。（新潟県西頸城郡名立町。『頸城三郡史料』）

日本は昔から、児童が神に愛せられる国でありました。道祖《さえ》も地蔵もこの国にわたってきてから、おいおいに少年の友となったのは、まったくわれわれの国風にかぶれたのであります。子安姫神の美しく尊いもとのお力がなかったら、代々の児童が快活に成長して、集まってこの国を大きくすることもできなかったごとく、児童がたのしんで多くの伝説をおぼえていてくれなかったら、人と国土との因縁は、今よりもはるかにうすかったかもしれません。その大きな功労にくらべるときは、私のこの一冊の本はまだあまりに小さい。今に出てくる日本の伝説集はもっとおもしろく、またいつまでも忘れることのできぬような、もっとりっぱな学問の書でなければなりません。

注釈

1　白米城の話　昭和十七年、柳田は、以前に発表した論考をまとめて『木思石語』という書籍を出版した。中には、昭和四年に『旅と伝説』に発表された「木思石語（五）」をはじめ、白米城についての論考が複数含まれている。特に「白米城伝説分布表」は昭和十七年に新しく執筆されたものであり、それまでの論考で挙げられていたものを含め、当時の時点で把握している全国の白米城の事例を整理し一覧化している。

2　十三塚の伝説　柳田は明治末から大正初期にかけて十三塚に注目しており、早くも明治四十三年、論文「十三塚」を『考古界』第八編第十一号、同題名の論文を『考古学雑誌』第一巻第四号に発表している。のち昭和二十三年に、堀一郎が、柳田の資料を整理したものに研究の成果を加え、共著として『十三塚考』を刊行している。

3　『伝説』　岩波書店、昭和十五年九月刊（岩波新書）。伝説やその変化を様々な側面から理論的に論じた書。本書の「解説」にあるように、『日本の伝説』は出版社を変えて繰り返し刊行されている。本章は、昭和十五年の三国書房版において「再び世に送る言葉」と題して新しく附されたものであり、その執筆時期は『伝説』の刊行と隣接していたものと思われる。

4　行智法印　行智。一七七八〜一八四一。江戸時代の僧。悉曇と修験の教学に秀でる。当山派修験の覚吽院の住職。円明院住職を兼務し、また修験宗当山派総学頭、法印大僧都に任ぜられた。著書に『木葉衣』『踏雲録事』など。

5　空也上人　空也。九〇三〜九七二。平安時代の僧。橋をかけたり、井戸を掘るなどの社会事業をしながら、念仏をとなえて諸国をめぐった。九三八年京都に入ると、市中で民衆に念仏をすすめてまわり、市聖と呼ばれた。九四八年比叡山で受戒してからは、貴族層に対しても布教を進めていった。

6　八幡太郎義家　源義家の通称。一〇三九〜一一〇六。平安時代の武人。前九年の役に父頼義とともに出陣し、功をあげる。その後、陸奥守兼鎮守府将軍となり、奥羽の豪族清原氏の内紛に干渉、後三年の役を戦う。武士の信望を集め、東国における源氏の勢力の基盤を築いた。

7　山本勘助　?〜一五六一。戦国時代の武将。武田信玄の家臣。一五六一年川中島の戦いで戦死したと伝えられる。

8　順徳天皇　一一九七〜一二四二。在位一二一〇〜一二二一。父後鳥羽上皇の院政下でその討幕計画に参与し、一二二一年譲位し上皇に退いたうえで、父とともに討幕のため承久の乱をおこすが、敗れて佐渡に配流となり、その後同地で死去した。

9　苧績み　苧（イラクサ科の多年草）の茎の繊維をより合わせて糸を紡ぐこと。

10　安倍晴明　九二一〜一〇〇五。平安時代の陰陽師。土御門家の祖。『大鏡』『今昔物語集』などが伝えるものをはじめ、神秘的な説話が数多く存在する。

11　木花開耶媛　記紀神話に現れる神。姉の磐長姫とともに瓊瓊杵尊に奉られたが、姉は醜さゆえに返されてしまったという。

12　菅原道真　八四五〜九〇三。平安時代の公卿、学者。宇多天皇に重用され、八九四年遣唐使中止を建議。醍醐朝においては右大臣・右大将に任ぜられ、左大臣・左大将に任ぜられた藤原時平と拮抗した。九〇一年時平らの讒言により大宰権帥に左遷され、その後大宰府で没した。

朝廷や藤原氏に不幸が続いたため、祟りをおそれて九九三年正一位、太政大臣を追贈された。また、天神として崇められた。

13　藤原時平　八七一～九〇九。平安時代の公卿。醍醐天皇のもとで菅原道真とともに重用され、左大臣を務める。九〇一年の右大臣道真の左遷は、時平を中心とする工作といわれる。醍醐天皇を補佐し、荘園整理令の公布など「延喜の治」を推進した。三十九歳で没し、その死は道真の祟りとされた。

14　物部守屋連　物部守屋。?～五八七。六世紀の豪族。敏達・用明朝の大連で、仏教を排撃し、大臣の蘇我馬子と対立した。用明天皇の没後、馬子を中心とする諸皇子・豪族の軍勢によって攻撃され、射殺された。

15　藤原鎌足　六一四～六六九。飛鳥時代の中央豪族で、藤原氏の祖。もと中臣鎌子。中大兄皇子（天智天皇）らとともに、蘇我入鹿・蝦夷を滅ぼし、大化改新を進めた。死に際して天智天皇から藤原の姓を賜与された。

16　蘇我入鹿　?～六四五。飛鳥時代の豪族。蘇我蝦夷の子。皇極天皇のもとで権勢をふるったとされる。六四三年山背大兄王とその一族を襲撃し、滅亡させた。以後、蘇我本宗家に対する反感が高まり、討伐がひそかに計画され、六四五年に飛鳥板蓋宮での儀式の場で、中臣鎌子（鎌足）と中大兄皇子らによって暗殺された。

作成／岸本亜季（早稲田大学大学院）

解説

この『日本の伝説』は、昭和四年五月、著者五十五歳で世に送られたものである。はじめは、『日本神話伝説集』という題で、アルスの日本児童文庫に収められていた。それが、昭和七年に、『日本の伝説』と改められて、春陽堂の「少年少女文庫」に加えられた。さらに、昭和十五年には、三国書房からも世に送られている。これと一対の書物として、同じ著者の『日本の昔話』が、やはりくり返し刊行されている。いずれにしても、『日本の伝説』というのは、『日本の昔話』とともに、おもに年少の読者に向けて書かれたものであった。日本の伝説のいくつかについて、できるだけ平易に説ききかせて、年少者の関心を呼び起こそうとされたものである。しかも、「咳のおば様」から「伝説と児童」までの十一章を通じて、多年にわたる著者の伝説研究の成果をまとめておられる。そのかぎりでは、もっと年長の読者のためにも、伝説研究の入門書として、有益な書物であるといえよう。

一般に、これまでの日本民俗学では、民間信仰研究とあわせて、伝説研究を重んじてきたといってよい。柳田先生の著作に限っていうと、その初期の研究をまとめたものには、

『後狩詞記』(明治四十二年)、『石神問答』(明治四十三年)、『遠野物語』(同年)などがあって、いずれも民間信仰研究を中心にできているが、のちの伝説研究ともつながるように思われる。ついで、新しい学問の出発を示すものとして、雑誌『郷土研究』(大正二年―六年)が出ており、しきりに民間信仰および伝説の問題を取り上げている。同じ時期の著作では、『山島民譚集』(大正三年)という書物が、河童《かっぱ》駒引と馬蹄《ばてい》石とについて論じたのをはじめ、『神を助けた話』(大正九年)、『赤子塚の話』(同年)、『山の人生』(大正十五年)などが、それぞれ伝説に重点をおいて説かれている。さらに、雑誌『民族』(大正十四年―昭和四年)というのも出て、やはり民間信仰および伝説の問題について、いっそう新しい研究の進展を示している。実は、『日本神話伝説集』すなわち『日本の伝説』も、『民族』の廃刊の直後に、はじめて世に送られたわけである。

もちろん、柳田先生の伝説研究は、『日本の伝説』の一冊で、きりのつくものではなかった。それ以後の著作の中では、『女性と民間伝承』(昭和七年)、『一目小僧その他』(昭和九年)、『信州随筆』(昭和十一年)、『妹の力』(昭和十五年)などが、民間信仰との関連から、伝説の問題にも説きおよんでいる。それに対して、『伝説』(昭和十五年)と『木思石語』(昭和十七年)とは、ただちに伝説の本質について論じたものである。その前後には、独立科学としての日本民俗学の体制がととのって、『民間伝承論』(昭和九年)や『郷土生活の研究法』(昭和十年)などの概論書もあらわされた。それらの概論書によると、さまざまな民俗を三部門に分けて、それぞれ有形文化・言語芸術・心意現象と名づけているが、伝説という項目だけは特別に扱って、言語芸術と心意現象との中間においている。そういう意味で、『口承文芸史考』（昭和二十二年）という書物は、言語芸術の全般にわたって論じながら、伝説の本質についても説きおよんでいる。そのような伝説の本質論に基づいて、多くの資料の整理が進められた結果、一応『日本伝説名彙』（昭和二十五年）が作られている。また、堀一郎博士との共著『十三塚考』（昭和二十三年）をはじめ、『神樹篇』（昭和二十八年）、『史料としての伝説』（昭和三十二年）なども出ているが、おおむね戦前の論考を集めたものである。戦後の民俗学界では、研究者の関心が、かならずしも伝説の分野にとどまっていない。それだけに、伝説の分野に限っていうと、多くの資料の集積にもかかわらず、著しい研究の進展を認めることができない。さしあたり、新しい研究の気運を高めるためにも、『日本の伝説』を含む先学の業績をかえりみなければならない。

ところで、『日本の伝説』と題しながら、この一冊の中では、伝説とは何かという問題には、それほど明らかに答えられていない。ただ「はしがき」の部分に、伝説と昔話との相違について、「昔話は動物のごとく、伝説は植物のようなものであります」と、まことに巧みなたとえを引いておられる。そのような両者の対比は、ドイツのグリム（Grimm）兄弟によって試みられてから、かなり多くの学者に受け継がれている。そのグリムの説明によると、「昔話は詩的であり、伝説は歴史的である」と考えられていた。すなわち、昔話のほうは、それ自身でまとまった形態をとっているが、伝説の方は、一定の場所や史上の人物と結びつくというのであった。ここに昔話とか伝説というのは、あくまでもドイツのメルヘン（Märchen）およびザーゲ（Sage）に相当するのであって、必ずしもわが国の昔話および伝説と一致するわけではない。しかし、日本民俗学でもやはり昔話との対比によって、はじめて伝説の特質が、明らかに説明されるのである。柳田先生の『木思石語』などによると、昔話と伝説との相違は、だいたいつぎの三点にまとめられるであろう。第一に、昔話は、誰からも信じられていないが、伝説は、ある程度まで信じられている。第二に、昔話は、「昔々、ある所」の物語であるが、伝説は、どこかきまった場所と結びついている。第三に、昔話は、きまった型をもっているが、伝説は、これという型をもたないという。そのような規定は、きわめて厳密なものであり、伝説の範囲は、それだけ限定されているといえよう。

それらの特色の中で、もっとも重要なのは、伝説は信じられているということである。その点について、もっと細かに調べると、伝説の信憑性《しんぴょうせい》というのも、さまざまな段階に分けられるであろう。極端な場合には、自分の先祖は平家の落人《おちうど》であるという人に、「それは嘘《うそ》だろう」と疑ったりすると、本気でおこられるかもしれない。それに対して、二つの沼は大男の足跡であるといっても、まじめに信じられるわけではない。しかし、そのような伝説でも、もともと何らかの信仰にささえられていたと考えられる。そういう意味で、あらゆる伝説は、やはり何かしら真実を伝えていたといってよい。すべて、伝説が特定の場所に落ち着いて、特定の事物と結びついたということは、それが信じられるという証拠としてあげられる。また、伝説がきまった型をもたないということも、それが信じられるという特質とあわせて理解される。伝説が真実の報告であるかぎり、ただありのままを伝えていれば、さしつかえないであろう。もっと極端にいえば、ことばにあらわさなくても、ことがらさえ信じていれば、さしつかえないのかもしれない。そういうわけで、さきに記したように、伝説という項目が、言語芸術と心意現象との中間におかれている。しかも、個別の伝説研究では、信仰との関係のほうが、口承文芸との関係よりも重んじられてきたといえよう。

なお、知識の開発につれて、旧来の伝説は、そのままでは信じられなくなる。それでも、何とかして信じていたいといえば、少しでも信じやすい形に改めなければならない。その場合には、何かある物と結びついているだけに、おのずから歴史化の方向をたどりやすい。また、きまった型をもっていないだけに、かえって文芸化の方向にむかいがちである。そのような見地から、伝説の位置は、歴史と文芸との中間に求められるであろう。しかし、同じ伝説を取り上げても、民俗研究の立場は、文芸研究の立場と、かならずしも一致するものではない。

従来の日本民俗学では、右のような伝説の理解に基づいて、さらに伝説の整理が進められてきた。特に事物との結びつきによる分類が、『木思石語』などに示されており、『日本伝説名彙』にも用いられている。この『名彙』では、多くの伝説が全国から集められ、六つの部門に分けて収められている。第一には、木の部であるが、笠松・銭掛け松・矢立て杉・箸《はし》杉など、さまざまな樹木の伝説のほかに、蕨《わらび》・芋・菜・薄《すすき》・茅《かや》・蘆《あし》の伝説をも含めている。第二には、石・岩の部であって、子持ち石・夜泣き石・足跡石・姥《うば》石などが、よく知られている・第三には、水の部であるが、弘法《こうぼう》水・白髪水・機織《はたお》り淵・椀《わん》貸《が》し穴など、水神信仰と関係の深いものが少なくない。この部門は、橋・清水・井に関するもの、湯・池・川・渡しに関するもの、堰《せき》・淵・滝・水穴に関するものというように、さらに細かく分けられる。第四には、塚の部ということで、糠《ぬか》塚・千人塚・行人塚・十三塚などをあげることができる。第五には、坂・峠・山の部と記されているが、行逢《ゆきあ》い裁面・山の背くらべ・大人の足跡・長者屋敷など、さまざまな伝説が収められている。すなわち、坂・峠・山などに関するもの、谷・洞《ほら》などに関するもの、屋敷・城趾《じょうし》などに関するものが、すべてこの部に集められるわけである。第六には、祠《し》堂《どう》の部と記されており、子安地蔵・鼻取り地蔵・泥掛け地蔵・汗かき地蔵など、地蔵に関するもののほかに、薬師・観音・不動などに関するものを認めることができる。もちろん、伝説の規定によっては、そのほかに多くの資料を加えることもできよう。しかし、柳田先生の『日本の伝説』では、右のように限られた範囲から、いくつかの伝説を取り上げておられる。

つぎには、柳田先生の論著の中で、『日本の伝説』の各章と関係の深いものをあげてみたい。「咳のおば様」では、境を守る姥神が、地獄の観念を受け入れて、三途河の奪衣婆《だつえば》に変わっていったという。同じように、境を守る神として、道祖神というものが、ひろく知られており、『石神問答』をはじめ、『赤子塚の話』などに論ぜられている。特に姥神《うば》のことに限るならば、『女性と民間伝承』に説かれているほかに、「老女化石譚」と「念仏水由来」とが、『妹の力』に収められている。「驚き清水」でも、水のほとりの姥神《うば》が、念仏の信仰をひきつけて、念仏池の伝説を生み出したという。この問題に関する文献としても、やはり『女性と民間伝承』と『妹の力』とをあげなければならない。「大師講の由来」では、姥の神とともに、児の神があらわれて、さまざまな奇瑞《きずい》を示したのが、ダイシということばのために、高僧のしわざと考えられたという。弘法清水・大師井戸などの奇特は、『女性と民間伝承』『伝説』の二書のほかに、『木思石語』所収の「武蔵野と水」「豊前《ぶぜん》と伝説」、『神樹篇』所収の「楊枝《ようじ》を以《もっ》て泉を卜《ぼく》する事」などにも取り上げられている。また、大師講という行事については、『年中行事覚書』所収の「二十三夜塔」に論ぜられている。「片目の魚」では、神に供えるための魚が、わざと片目をつぶしておかれたであろうという。その問題については、『郷土研究』四巻十一号の「片目の魚」に記されているが、片目の神や神主などとあわせて、『一目小僧その他』所収の「一目小僧」「目一つ五郎考」にも説かれている。「機織り御前」では、神に供えるための布が、清らかな水のほとりで、若い娘によって織られたのが、山姥《うばやま》や竜宮の乙姫《おとひめ》のしわざと考えられたという。山姥のことは、『山の人生』にくわしいが、竜宮の乙姫については、『桃太郎の誕生』所収の「海神少童」に、昔話の方面から述べられている。機織り淵や機織り池は、『伝説』などにも取り上げられている。同じ問題について、柳田先生の著作ではないが、折口信夫博士の「七夕祭りの話」(『旅と伝説』三巻七号)にも論ぜられているので、特に付け加えておきたい。

『日本の伝説』の話題は、そこから一応水のほとりを離れることになる。「お箸成長」では、神を迎えまつるために、地面に木の枝をさすか、または新しい箸をさしたのが、しだいに成長すると信ぜられたという。神の依代《よりしろ》の木が、さまざまな伝説をともなうことは、『信州随筆』や『神樹篇』に示されている。特に「杖《つえ》の成長した話」は、『神樹篇』のほうに掲げられている。「行逢阪」では、国や村の境が、もと神の定めたものと考えられたという。そのような境のしるしに、矢立ての木というのがあって、早く「矢立杉の話」(『黒潮』二巻一号)に取り上げられている。さらに、いっそう細かに論ぜられたものが、「矢立ての木」と「伝説と習俗」という題で、『信州随筆』と『木思石語』とに収められている。「袂石《たもといし》」では、神のこもる石が、やはり成長を遂げると信ぜられたという。そのような神の力が、ことさら石にあらわれるというのは、『石神問答』の記事ともかかわるわけであるが、別に「生石伝説」(『太陽』十七巻一号)にも説かれている。「山の背くらべ」では、山どうし争ったという伝説が、その山をあがめる気持ちにつながるという。山の神秘については、『山の人生』に語られており、山の信仰については、『山宮考』に説かれているが、いずれも山争いの伝説に関するものとはいえない。なお、橋の神のねたみは、『一目小僧その他』所収の「橋姫」に取り上げられている。「神いくさ」では、神どうし仲が悪いというのも、自分の神だけをあがめて、他の信仰をしりぞけるからであるという。そこにあげられた例の中で、特に日光と赤城との争いは、『神を助けた話』にくわしく説かれている。最後に、「伝説と児童」では、地蔵に関する伝説を引きながら、そのように、興味ふかい伝説が、久しく児童によって伝えられてきたという。地蔵信仰の研究としては、早く『郷土研究』の誌上に、「地蔵殿の苗字」(一巻四号)、「水引地蔵」(一巻九号)、「廻り地蔵」(一巻三号)、「子安地蔵」(二巻六号)、「黒地蔵白地蔵」(二巻十一号)など、いくつかの論が掲げられている。そのほか、地蔵遊びの問題だけは、「こども風土記」に取り上げられている。さらに、道祖神との関係について、「石神問答」をはじめ、「赤子塚の話」などに説かれているのは、改めていうまでもない。この最後の章でも、やはり道祖神にふれながら、ふたたび姥神にもどって終わっている。

右のように、『日本の伝説』の全編にわたって、著者の研究上の関心が、明らかに示されている。柳田先生の学問は、いわば民間伝承の比較を通じて、民族文化の特質を知ろうとするものである。伝説に限っていうと、それは何かある事物と結びついているだけに、そのままよその場所で通用するはずはない。伝説を信ずる者は、むやみによその土地に、同じような話があろうとは思っていない。しかし、細かに調べると、かなり多くの土地に、同じような伝説が伝えられている。それらの類例を集めてみて、伝説の展開をたどってゆくと、やはり民族信仰の問題に至りつくのである。くり返すまでもなく、『日本の伝説』という一冊は、子安姥神などの問題を中心に説かれている。もちろん、今日では、いっそうひろい視野から、伝説の研究を進めていかなければならない。しかし、どのような立場をとるにしても、伝説と信仰との関連を無視することはできないであろう。

ところで、この『日本の伝説』は、伝説の比較研究といっても、ただ各地の伝承資料を並べただけではない。「世におくる言葉」にうかがわれるように、著者はできるだけやさしく、また力強く、年少の読者に訴えようとつとめておられる。そして、本文の結びでは、「今に出てくる日本の伝説集はもっとおもしろく、またいつまでも忘れることのできぬような、もっとりっぱな学問の書でなければなりません」と記されている。本当のところ、何も「解説」と銘打って、私などが蛇足を加えるまでもなかったのである。

大島建彦

新版解説

東　雅夫

『日本の伝説』は一九二九年（昭和四年）五月、『日本児童文庫8　日本神話伝説集』（アルス刊）のタイトルで初刊行され、一九三二年（昭和七年）十一月、『日本の伝説』と改題されて春陽堂少年文庫から再刊、さらに一九四〇年（昭和十五年）十二月には、三国書房から新訂版が刊行されている。

一九三〇年代の日本といえば、満州事変・日中戦争・太平洋戦争と続く、いわゆる十五年戦争の時代であり、国民生活はもとより人文諸学の世界にも軍国主義の影が刻々と濃くなりまさる時代であった。

そんな渦中に生い育った少国民――往時の少年少女にとって、本書がどのように映じていたのか。ここにひとつの証言を掲げておこう。

〈現代民話考〉シリーズや『あの世からのことづて――私の遠野物語』をはじめとする多くの編著で、『遠野物語』直系とでも申すべきだろうか、怪談実話の再話者／研究者としての柳田國男の仕事を、その学統とはまったく異質な立ち位置で（そもそもが「民話」も

「怪談」も柳田自身が執拗に忌避し、それゆえ日本民俗学の世界からは排除されてきた用語である）継承したともいえる松谷みよ子は、本書について次のように記している。

『日本の昔話』『日本の伝説』アルスの日本児童文庫。懐かしさがこみあげた。幼い日の子供部屋の本棚が目に浮ぶ。恩地孝四郎装幀による四六判の上製本。海老茶色のクロスで角背をつつみ、文字は金型押し、各巻の表紙はそれぞれ美しい絵で飾られている。小学生全集と共に我が家の愛読書であった。戦災で焼失したが、信州に住む兄が長男が生まれたとき、全巻、古本屋で手に入れたのである。

（ちくま文庫版『柳田國男全集25』解説より）

戦後生まれの私には、残念ながら本書に関して、右のごとき美しい想い出はなかった。一九七〇年（昭和四十五年）十一月の自決直前に完結し、七二年に単行本で上梓された『小説とは何か』における、三島由紀夫の『遠野物語』大絶讃に促されて同書を手に取り、豊饒にして怪異な土俗の世界にたちまち魅了された私は、『一目小僧その他』『妹の力』『昔話と文学』『雪国の春』……当時、角川文庫から数多刊行されていた柳田の著作を手当たり次第、読破していったのだけれど、こと『日本の伝説』に関しては、どうしたものか初読の際の記憶がないのである。

あるいは、年少の読者に向けて語りかける本書のスタンスに反発を覚えたのかも知れないと今にして思う。児童書の世界を卒業して、オトナの本の世界に飛び込んでまもない生意気盛りな中学生ならではの反感というべきか。

私が本書と真剣に向き合うことになったのは、はるか後年――ノストラダムスが世界の終末を予言した一九九九年も暮れようとする時期だった。

大予言とも因縁浅からぬ雑誌『ムー』（学研）で、ひょんなことから「日本伝説紀行」という連載を始めることになったのである。

日本各地に伝わるさまざまな伝説の中から、たとえば浦島太郎の玉手匣とか、河童の妙薬とか、牛鬼の角とか、幽霊の片袖とかいった遺物が実際に伝存している物語を選んで、担当編集者やカメラマンとともに現地へ探訪取材におもむくという、思えば酔狂な企画であった（後に『妖怪伝説奇聞』として単行本にまとめられている）。

そのためのリサーチとして、私は古今の伝説関連本を集中的に読み漁ることになり、久方ぶりに『日本の伝説』をひもといて……今さらながらに、柳田國男という文人の化物めいた底知れぬ博識と、民俗文化の過去と未来を見はるかす透徹した眼力に、ほとほと畏れ入ったのであった。

古代中世の説話集から近世の地誌や随筆紀行、近代の調査資料に至るまで、有名無名さまざまの文献から、着想連想のおもむくままに類似の伝説が全国規模で縦横無尽に抽出開陳され、それらに秘められた民俗的信仰的な意味が明らかにされてゆく……余談だが、この独特な知的連鎖と記述のドライヴ感覚は、インターネットで検索をかけてゆくときのそれに酷似しているように、私には感じられてならない。

本書の「はしがき」には「小さな人たちは、ただ面白いお話のところだけを読んでおおきになったらいいでしょう」などと記されてはいるものの、いや、わざわざそのように断り書きを入れる必要があるほどに、本書の内容は本格的であり、語り口こそ平易だが、子供向けに調子を落とすようなところは一切ない。

むしろ「小さな人たち」を近未来の研究者予備軍と捉え、将来の活動に必要十分な情報を伝授しておこうとする天与のオーガナイザー柳田の企図が随処に認められるのである。

本書の青年向けバージョンともいうべき『木思石語』（一九四二）や理論篇たる『伝説』（一九四〇）ほか伝説方面の所論を収めた『柳田國男全集7』（ちくま文庫）所収の解説において、大島広志は次のように指摘している。

この時期、柳田國男は『全国昔話記録』（全十三巻、三省堂刊）の監修をしている。この昔話集は戦地への慰問袋に入れられて遥か離れた故国を想う人々の慰安となった。柳田國男自身もそれを想定していたのは、序文にあたる「趣意書」の中で、「異域の陣営の徒然の灯火の下に、之を読んで幼時の追懐を共にする人の数が多くなって来れば、同時にそれは又昔話研究の新機運を、促進する力ともならずには居ないであろう」（昭和十七年六月執筆、定本柳田國男集第三十巻所収）と述べていることからもわかる。では伝説はどうか。社会情勢と無縁ではいられまい。昭和十五年九月の『伝説』、十月の年少者用の『日本の伝説』の再版、昭和十七年十月の旅する若者に向けての『木思石語』、これらは日本の来たるべき平和な日を待ち望み、次代を担う人々へ伝説の本質と研究法を示したと考えるのは考え過ぎであろうか。

ちなみに『木思石語』の「自序」は、次の言葉から語り出されている。

この小著の特徴の一つは、旅を愛する若い人たちを聴き手として、伝説というものの意義を説いてみようとした点にあるだろう。十四五年以前、ちょうど『木思石語』を書き始めた頃までは、まだこういう問題に興味をもつ人が、都府のまん中にもたくさんにいたのであった。今になって考えてみると、この期間は永かったとは言えない。旅が詩歌の題材となったのは古く、紀行文学の世に出たのも新しいことではないが、それが多数の追随者を得たのは、明治中期の印刷文化の余沢であった。一方には交通が急に自由になって、誰にでも漫遊ができる時代が来たのである。春の好い季節の試験休みは言うに及ばず、夏の炎天の野でも山でも、無事に苦しんだ元気な青年が、草鞋に脚絆というような古風ないでたちで、どことなくあるきまわるのを、元はよく見かけたものであった。

そうした「旅を愛する若い人」の急先鋒が、余人ならぬ柳田本人であったことは、終生にわたる友人で、しばしば自作に柳田をモデルとするキャラクターを登場させた文豪・泉鏡花の戯曲「夜叉ヶ池」(「演芸倶楽部」一九一三年三月号掲載)の次のようなくだりからも、それと窺い知ることができよう。

「暑中休暇に見物学問」の旅を続けた帰りがけ、越前山中の夜叉ヶ池に足を伸ばした文学士の山沢学円は麓の琴弾谷で、行方不明だった親友の萩原晃と思いがけず再会する。

学円　一人、私《わし》の親友に、何かかねて志す……国々に伝わった面白い、また異《かわ》った、不思議な物語を集めてみたい。日本中残らずとは思うが、この夏は、山深い北国《ほっこく》筋の、谷を渡り、峰を伝って尋ねよう、と夏休みに東京を出ました。――それっきり、行方が知れず、音沙汰《おとさた》なし。

旅の途上、琴弾谷を訪れた晃は、美しい村娘・百合と知り合い、数奇な宿命に導かれるまま白髪の老人に姿を変えて、昼夜に三度、霊鐘を撞《つ》く身の上なのであった。

晃　僕は、それ諸国の物語を聞こうと思って、北国筋を歩行《ある》いたんだ。ところが、自身……僕、そのものが一条《ひとくだり》の物語になった訳だ。――魔法つかいは山を取って海に移す、人間を樹にもする、石にもする、石を取って木の葉にもする。木の葉を蛙にもするという、……君もここへ来たばかりで、もの語《がたり》の中の人になったろう……僕はもう一層、その上を、物語、そのものになったんだ。

ここに描かれる萩原晃の姿が柳田のそれを彷彿せしめることは、『柳田國男事典』（勉誠出版）の「小説に描かれた柳田國男」の項に、花袋や藤村の諸作と並んで「夜叉ヶ池」が掲げられ、『遠野物語』の著者としての柳田の心意を理解する鏡花が柳田に擬して萩原を描く」と記載されているとおり、研究者の間でも定説化されていると見てよかろう。

さるにても――「人間を樹にもする、石にもする」という萩原青年の台詞が、それから三十年近くを経て、柳田の『木思石語』という書名に反映されている照応ぶりには、なにがなし感動を誘うものがあろう。

一九三九年（昭和十四年）九月の鏡花の死をうけて柳田は「泉鏡花が去ってしまってか

ら、何だかもう我々には国固有のなつかしいモチーフに、時代と清新の姿とを賦与することが、できなくなったような感じがしてならぬ」（一九四〇年四月発表の「文芸と趣向」より）と哀悼の意を表しているが、先に列挙した一連の伝説方面の著作が、これと時期を同じくしてまとめられたことは偶然とは思えない。

柳田をして「この期間は永かったとは言えない」と嘆ぜしめた、旅を愛し伝説を愛する若い人たちの美風は、しかしながら百年余を経た平成の世となって、少しずつではあるが増加傾向へ転じているように私には感じられる。たとえば水木しげる翁が主宰する妖怪専門誌『怪』に集う人々など、その急先鋒といってよかろう。

装いも新たに再刊される本書が、新時代の旅人たちにとって、こよなき導きの書となり、不思議を尋ねる旅の伴侶となることを願わずにはいられない。

二〇一二年十一月

＊本文中の地名は初版時（昭和５年）の記載のままとしています。この分布表の地名は昭和28～36年にかけて行われた合併後のもので、（　）は初版時の表示です。さらに平成25年１月現在の地名を［　］に示しました。［　］がないものは変更がなかった地名です。（編集部）

高知県
土佐郡十六村行川［高知市］　綾を織る姫　91
香美郡香我美町［香南市］　吉田の神石　118
同　物部村柳瀬［香美市物部町柳瀬］　山姥の麦作り　84
高岡郡佐川町　宝御伊勢神　117
幡多郡西土佐村［四万十市］　おんじの袂石　115
福岡県
糸島郡二丈町［糸島市］　鎮懐石　115
三潴郡鳥飼村大石［久留米市大石町］　大石神社　117
三池郡高田町［みやま市山川町］　七霊社の姫神　163
大分県
東国東郡姫島村　拍子水　29
別府市天間　由布獄　134
玖珠郡九重町田野　念仏水　28
佐賀県
伊万里市大川町［伊万里市］　十三塚の栗林　104
熊本県
熊本市島崎町［熊本市中央区島崎］　石神の石　119
玉名市滑石　滑石の由来　115
山鹿市（三玉村）　山の首引き　151
阿蘇郡白水村［阿蘇郡南阿蘇村］　猫岳　130
上益城郡益城町　飯田山　136
宮崎県
西諸県郡えびの町原田［えびの市原田］　観音石の頭　150
西都市妻　都万の神池　70
児湯郡都農町　山と腫物　135
鹿児島県
揖宿郡山川町成川［指宿市山川成川］　若宮八幡の石　123
同　（指宿村）［指宿市山川成川］　池田の火山湖　134
川内市永利町［薩摩川内市］　石神氏の神　123
熊毛郡中種子町油久　熊野石　117

同　美山村［山県市］	黄金の鶏　112
美濃加茂市太田町	目を突いた神　75
益田郡萩原町［下呂市］	蛇と梅の枝　74
同　下呂町門和佐［下呂市門和佐］	竜宮が淵　88
同　同　瀬戸［下呂市瀬戸］	ばい岩　125
大野郡朝日村黍生谷［高山市朝日町黍生谷］	橋場の牛　111
長野県	
長野市	善光寺と諏訪　148
佐久市（三井村）	鎌倉石　121
上田市殿城	滝明神の魚　58
下伊那郡上郷村［飯田市］	恨みの池　63
飯田市（竜丘村）［飯田市桐林］	花の御所　49
同　竜江［飯田市龍江］	竜宮巌の活石　114
下伊那郡阿智村	富士石　114
松本市島内	仲の悪い神様　144
木曾郡日義村［木曽郡木曽町］	野婦の池　87
同　大桑村須原	やさいこ行事　170
南安曇郡安曇村［松本市］	門松立てず　76
北安曇郡小谷村［北安曇郡安曇村］	芋作らず　76
上水内郡鬼無里村［長野市］	梭石膝石　87
宮城県	
玉造郡岩出山町［大崎市］	驚きの清水　28
登米郡中田町新井田［登米市宝江新井田］	しろかき地蔵　157
牡鹿郡牡鹿町［石巻市］	金華山の土　138
福島県	
福島市腰ノ浜［福島市腰浜町］	鼻取庵　157
同　南矢野目	片目清水　61
同　土湯温泉町	片目の太子　78
伊達郡川俣町大清水	小手姫の社　93

加古川市（加古川町）	上人魚　61
同　　野口町坂元	寸倍石　126
赤穂郡上郡町高山	水掛け地蔵　163
多紀郡篠山町黒岡［篠山市黒岡］	時平屋敷　145
長崎県	
北松浦郡田平町	釜が淵　163
新潟県	
長岡市神田町	三盃池　58
北蒲原郡水原町分田	都婆の松　101
三島郡三島町蓮花寺［長岡市蓮花寺］	姨が井　24
北魚沼郡堀之内町堀之内［魚沼市堀之内］	古奈和沢池　58
南魚沼郡塩沢町［南魚沼市］	巻機権現　82
柏崎市曾地	おまんが井　24
中頸城郡清里村青柳［上越市清里区青柳］	片目の婿　63
西頸城郡名立町［上越市名立区］	乳母神とつぐら　170
糸魚川市（根知村）	諏訪の薙鎌　109
埼玉県	
川越市喜多町	しやぶぎ婆石塔　12
北足立郡大和町白子［和光市白子］	子安池　52
大宮市土呂町［さいたま市北区土呂町］	神明の大杉　97
所沢市上新井	三つ井　38
同　　北野	椿峯　97
同　　山口	椿峯　97
比企郡小川町飯田	石船権現　164
秩父郡小鹿野町	信濃石　121
飯能市南町	飯森杉　97
越谷市野島	片目地蔵　160
群馬県	
高崎市赤阪町［高崎市赤坂町］	婆石　22

伝説分布表

　この本に出ている伝説の中で、町村の名の知れている分を、表にしてならべてみました。この以外の県郡町村でも、ただ私が知らなかったというだけで、むろん尋ねてみたらいくらでも、同じような伝説があることと思います。下の数字はページ数です。自分の村の話が出ていましたら、まずそこのところから読んでごらんなさい。

や　行

ら　行

わ　行

は 行

ま 行

た 行

な 行

さ 行

か行

索　引

あ 行

編集付記

・新版にあたり、新たに注釈を付した。また本文の文字表記については、次のように方針を定めた。

一、漢字表記のうち、代名詞、副詞、接続詞、助詞、助動詞などの多くは、読みやすさを考慮し平仮名に改めた（例／而も→しかも、其の→その）。

二、難読と思われる語には、引用文も含め、改めて現代仮名遣いによる振り仮名を付した。
また、送り仮名が過不足の字句については適宜正した。

三、書名、雑誌名等には、すべて『　』を付した。

・尺、寸、貫目などの度量衡に関する表記は、（　）で国際単位を補った。

・本文中には、今日の人権擁護の見地に照らして、不適切と思われる語句や表現があるが、作品発表当時の社会的背景を鑑み、底本のままとした。

日本《にほん》の伝説《でんせつ》

柳田国男《やなぎたくにお》

昭和44年 6月10日　改版初版発行
平成25年 1月25日　新版初版発行
令和7年 10月30日　新版14版発行

発行者●山下直久

発行●株式会社KADOKAWA
〒102-8177　東京都千代田区富士見2-13-3
電話　0570-002-301（ナビダイヤル）

角川文庫 17791

印刷所●株式会社KADOKAWA
製本所●株式会社KADOKAWA

表紙画●和田三造

Printed in Japan
ISBN978-4-04-408305-2　C0139

◆◆◇

角川文庫発刊に際して

角　川　源　義

第二次世界大戦の敗北は、軍事力の敗北であった以上に、私たちの若い文化力の敗退であった。私たちの文化が戦争に対して如何に無力であり、単なるあだ花に過ぎなかったかを、私たちは身を以て体験し痛感した。西洋近代文化の摂取にとって、明治以後八十年の歳月は決して短かすぎたとは言えない。にもかかわらず、近代文化の伝統を確立し、自由な批判と柔軟な良識に富む文化層として自らを形成することに私たちは失敗して来た。そしてこれは、各層への文化の普及滲透を任務とする出版人の責任でもあった。

一九四五年以来、私たちは再び振出しに戻り、第一歩から踏み出すことを余儀なくされた。これは大きな不幸ではあるが、反面、これまでの混沌・未熟・歪曲の中にあった我が国の文化に秩序と確たる基礎を齎らすためには絶好の機会でもある。角川書店は、このような祖国の文化的危機にあたり、微力をも顧みず再建の礎石たるべき抱負と決意とをもって出発したが、ここに創立以来の念願を果すべく角川文庫を発刊する。これまで刊行されたあらゆる全集叢書文庫類の長所と短所とを検討し、古今東西の不朽の典籍を、良心的編集のもとに、廉価に、そして書架にふさわしい美本として、多くのひとびとに提供しようとする。しかし私たちは徒らに百科全書的な知識のジレッタントを作ることを目的とせず、あくまで祖国の文化に秩序と再建への道を示し、この文庫を角川書店の栄ある事業として、今後永久に継続発展せしめ、学芸と教養との殿堂として大成せんことを期したい。多くの読書子の愛情ある忠言と支持とによって、この希望と抱負とを完遂せしめられんことを願う。

一九四九年五月三日

角川ソフィア文庫ベストセラー

新版 遠野物語
付・遠野物語拾遺
柳田国男

雪女や河童の話、正月行事や狼たちの生態――。遠野郷（岩手県）には、怪異や伝説、古くからの習俗が、なぜかたくさん眠っていた。日本の原風景を描く日本民俗学の金字塔。年譜・索引・地図付き。

雪国の春
柳田国男が歩いた東北
柳田国男

名作『遠野物語』を刊行した一〇年後、柳田は二ヶ月をかけて東北を訪ね歩いた。その旅行記「豆手帖から」をはじめ、「雪国の春」「東北文学の研究」など、日本民俗学の視点から東北を深く考察した文化論。

新訂 妖怪談義
柳田国男
校注／小松和彦

柳田国男が、日本の各地を渡り歩き見聞した怪異伝承を集め、編纂した妖怪入門書。現代の妖怪研究の第一人者が最新の研究成果を活かし、引用文の原典に当たり、詳細な注と解説を入れた決定版。

一目小僧その他
柳田国男

日本全国に広く伝承されている「一目小僧」「橋姫」「物言う魚」「ダイダラ坊」などの伝説を蒐集・整理し、丹念に分析。それぞれの由来と歴史、人々の信仰を辿り、日本人の精神構造を読み解く論考集。

山の人生
柳田国男

山で暮らす人々に起こった悲劇や不条理、山の神の嫁入りや神隠しなどの怪奇談、「天狗」や「山男」にまつわる人々の宗教生活などを、実地をもって精細に例証し、透徹した視点で綴る柳田民俗学の代表作。

角川ソフィア文庫ベストセラー

海上の道　柳田国男

日本民族の祖先たちは、どのような経路を辿ってこの列島に移り住んだのか。表題作のほか、海や琉球にまつわる論考8篇を収載。大胆ともいえる仮説を展開する、柳田国男最晩年の名著。

日本の昔話　柳田国男

「藁しび長者」「狐の恩返し」など日本各地に伝わる昔話106篇を美しい日本語で綴った名著。「むかしむかしあるところに――」からはじまる誰もが聞きなれた昔話の世界に日本人の心の原風景が見えてくる。

日本の祭　柳田国男

古来伝承されてきた神事である祭りの歴史を「祭から祭礼へ」「物忌みと精進」「参詣と参拝」等に分類し解説。近代日本が置き去りにしてきた日本の伝統的な信仰生活を、民俗学の立場から次代を担う若者に説く。

毎日の言葉　柳田国男

普段遣いの言葉の成り立ちや変遷を、豊富な知識と多くの方言を引き合いに出しながら語る。なんにでも「お」を付けたり、二言目にはスミマセンという風潮などへの考察は今でも興味深く役立つ。

山の宗教　修験道案内　五来　重

世界遺産に登録された熊野や日光をはじめ、古来崇められてきた全国九箇所の代表的な霊地を案内。日本の歴史や文化に大きな影響を及ぼした修験道の本質に迫り、日本人の宗教の原点を読み解く！

角川ソフィア文庫ベストセラー

西国巡礼の寺
五来　重

霊場はなぜ、どのように生まれたのか。われわれの祖先はそこで何を信仰し何に祈りを捧げたのか。三井寺、善峰寺、華厳寺ほか、西国三十三所観音霊場を案内。その宗教的意義や霊場としての環境をやさしく解説。

四国遍路の寺（上、下）
五来　重

弘法大師はなぜ修行の場として四国を選んだのか。山岳宗教以前にあった古代海洋宗教の霊場、海と陸の境を行き、岬で火を焚いた遍路修行。その本来の意味や歴史を明らかにし、古代日本人の宗教の原点に迫る。

宗教歳時記
五来　重

お正月に食べる餅が、大寺院の修正会へと繋がっていく――。歳時記の趣向で宗教にまつわる各地の年中行事を取り上げ、その基底に流れる日本古代の民俗と、祖先が大切に守ってきたものを解き明かした名著。

仏教と民俗
仏教民俗学入門
五来　重

祖霊たちに扮して踊る盆踊り、馬への信仰が生んだ馬頭観音、養蚕を守るオシラさま――。庶民に信仰され変容してきた仏教の姿を追求し、独自の視点で日本人の原型を見出す。仏教民俗学の魅力を伝える入門書。

高野聖
五来　重

高野山を拠点に諸国を遊行した高野聖。彼らはいかに民衆に根ざした日本仏教を広め、仏教の礎を支えてきたのか。古代末期から中世の聖たちが果たした役割と、日本宗教の原始性を掘りおこした仏教民俗学の名著。

角川ソフィア文庫ベストセラー

百物語の怪談史
東　雅夫

怪談、百物語研究の第一人者が、古今東西の文献から掘り起こした、江戸・明治・現代の百物語すべてを披露。多様性や趣向、その怖さと面白さを網羅する。怪談会の心得やマナーを紹介した百物語実践講座も収録。

陰陽師　安倍晴明
志村有弘

平安時代、怨霊・妖怪・疫病神を封じ、稀代の陰陽師として活躍した晴明は、闇の世界を支配するだけでなく、時の権力者のもとで表の世界をも支えていた。謎に満ちた男の真の姿を、史実と伝承を織り交ぜて描く。

耳袋の怪
根岸鎮衛
訳／志村有弘

今も昔も怖い話は噂になりやすい。妖怪も逃げ出した稲生武太夫の豪傑ぶり、二〇年経って厠から帰ってきた夫——。江戸時代の奇談ばかりを集めた『耳袋』から、妖怪、憑き物など六種の怪異譚を現代語訳で収録。

聊斎志異の怪
蒲　松齢
訳／志村有弘

芥川龍之介や森鷗外にも影響を与えた『聊斎志異』は、中国・清の蒲松齢が四〇〇篇以上の民間伝承をまとめた、世界最大の怪異譚アンソロジー。幽霊譚・動物奇談・妖怪譚などを選りすぐり、現代語訳で紹介。

江戸怪奇《あやかし》草紙
編訳／志村有弘

天女のように美しい幽霊が毎晩恋人のもとへ通う「牡丹灯籠」。夫に殺された醜い妻の凄絶な怨念を、祐天和尚が加持祈禱で払う「累」。江戸を代表する不可思議な五つの物語を編訳した、傑作怪談集。

角川ソフィア文庫ベストセラー

仏教の思想 1
知恵と慈悲〈ブッダ〉

増谷文雄
梅原　猛

インドに生まれ、中国を経て日本に渡ってきた仏教。多様な思想を蔵する仏教の核心を、源流ブッダに立ち返って解明。知恵と慈悲の思想が持つ現代的意義を、ギリシア哲学とキリスト教思想との対比を通じて探る。

仏教の思想 2
存在の分析〈アビダルマ〉

櫻部　建
上山春平

ブッダ出現以来、千年の間にインドで展開された仏教思想。読解の鍵となる思想体系「アビダルマ」とは？　ヴァスバンドゥ（世親）の『アビダルマ・コーシャ』を取り上げ、仏教思想の哲学的側面を捉えなおす。

仏教の思想 3
空の論理〈中観〉

梶山雄一
上山春平

『中論』において「あらゆる存在は空である」と説き、論理全体を究極的に否定して根源に潜む神秘主義を肯定したナーガールジュナ（龍樹）。インド大乗仏教思想の源泉のひとつ、中観派の思想の核心を読み解く。

仏教の思想 4
認識と超越〈唯識〉

服部正明
上山春平

アサンガ（無着）やヴァスバンドゥ（世親）によって体系化の緒につき、日本仏教の出発点ともなった「唯識」。仏教思想のもっとも成熟した姿とされ、ヨーガとも深い関わりをもつ唯識思想の本質を浮き彫りにする。

仏教の思想 5
絶対の真理〈天台〉

田村芳朗
梅原　猛

六世紀中国における仏教哲学の頂点、天台教学。法然・道元・日蓮・親鸞など鎌倉仏教の創始者たちは、最澄が開宗した日本天台に発する。豊かな宇宙観を湛える、天台教学の哲理と日本の天台本覚思想を解明する。

角川ソフィア文庫ベストセラー

仏教の思想　6
無限の世界観〈華厳〉
鎌田茂雄
上山春平

律令国家をめざす飛鳥・奈良時代の日本に影響を与えた華厳宗の思想とは？　大乗仏教最大巨篇の一つ『華厳経』に基づき、唐代の中国で開花した華厳宗の複雑な教義をやさしく解説。その現代的意義を考察する。

仏教の思想　7
無の探求〈中国禅〉
柳田聖山
梅原　猛

『臨済録』などの禅語録が伝える「自由な仏性」を輝かせる偉大な個性の記録を精読。「絶対無の論理」や「禅問答」的な難解な解釈を排し、「安楽に生きる知恵」という観点で禅思想の斬新な読解を展開する。

仏教の思想　8
不安と欣求〈中国浄土〉
塚本善隆
梅原　猛

日本の浄土思想の源、中国浄土教。法然、親鸞の魂を震撼し、日本に浄土教宗派を誕生させた善導の魅力、そして中国浄土教の基礎を創った曇鸞のユートピア構想とは？　浄土思想がもつ人間存在への洞察を考察。

仏教の思想　9
生命の海〈空海〉
宮坂宥勝
梅原　猛

「弘法さん」「お大師さん」と愛称され、親しまれる弘法大師、空海。生命を力強く肯定した日本を代表する宗教家の生涯と思想を見直し、真言密教の「生命の思想」「森の思想」「曼荼羅の思想」の真価を現代に問う。

仏教の思想　10
絶望と歓喜〈親鸞〉
増谷文雄
梅原　猛

親鸞思想の核心とは何か？　『歎異抄』と「悪人正機説」にのみ依拠する親鸞像を排し、主著『教行信証』を軸に、親鸞が挫折と絶望の九〇年の生涯で創造した「生の浄土教」、そして「歓喜の信仰」を捉えなおす。

角川ソフィア文庫ベストセラー

仏教の思想 11
古仏のまねび〈道元〉
高崎直道
梅原　猛

日本の仏教史上、稀にみる偉大な思想体系を残した禅僧、道元。その思想が余すところなく展開された正伝仏法の宝蔵『正法眼蔵』を、仏教思想全体の中で解明。大乗仏教思想の集大成者としての道元像を提示する。

仏教の思想 12
永遠のいのち〈日蓮〉
紀野一義
梅原　猛

「古代仏教へ帰れ」と価値の復興をとなえた日蓮。永遠のいのちを説く「久遠実成」、宮沢賢治に数多の童話を書かせた「山川草木悉皆成仏」の思想など、日蓮の生命論と自然観が持つ現代的な意義を解き明かす。

新編 日本の面影
ラフカディオ・ハーン
訳／池田雅之

日本の人びとと風物を印象的に描いたハーンの代表作『知られぬ日本の面影』を新編集。「神々の国の首都」「日本人の微笑」ほか、アニミスティックな文学世界や世界観、日本への想いを伝える一一編を新訳収録。

新編 日本の怪談
ラフカディオ・ハーン
訳／池田雅之

「幽霊滝の伝説」「ちんちん小袴」「耳無し芳一」ほか、馴染み深い日本の怪談四二編を叙情あふれる新訳で紹介。小学校高学年程度から楽しめ、朗読や読み聞かせにも最適。ハーンの再話文学を探求する決定版！

般若心経講義
高神覚昇

『心経』に込められた仏教根本思想『空』の認識を、その否定面「色即是空」と肯定面「空即是色」の二面から捉え、思想の本質を明らかにする。日本人の精神文化へと誘う、『般若心経』の味わい深い入門書。

角川ソフィア文庫ベストセラー

無心ということ　鈴木大拙

無心こそ東洋精神文化の軸と捉える鈴木大拙が、仏教生活の体験を通して禅・浄土教・日本や中国の思想へと考察の輪を広げる。禅浄一致の思想を巧みに展開、宗教的考えの本質をあざやかに解き明かしていく。

新版 禅とは何か　鈴木大拙

宗教とは何か。仏教とは何か。そして禅とは何か。自身の経験を通して読者を禅に向き合わせながら、この究極の問いを解きほぐす名著。初心者、修行者を問わず、人々を本格的な禅の世界へと誘う最良の入門書。

日本的霊性 完全版　鈴木大拙

精神の根底には霊性（宗教意識）がある——。念仏や禅の本質を生活と結びつけ、法然、親鸞、そして鎌倉時代の禅宗に、真に日本人らしい宗教的な本質を見出す。日本人がもつべき心の支柱を熱く記した代表作。

夢のもつれ　鷲田清一

映像・音楽・モード・身体・顔・テクスチュアなど、身近なさまざまな事象を現象学的アプローチでやさしく解き明かす。臨床哲学につながる感覚論をベースとした、アフォリズムにあふれる哲学エッセイ。

死なないでいる理由　鷲田清一

〈わたし〉が他者の思いの宛先でなくなったとき、ひとは〈わたし〉を喪い、存在しなくなる——。現代社会が抱え込む、生きること、老いることの意味、そして〈いのち〉のあり方を滋味深く綴る。

角川ソフィア文庫ベストセラー

世界を変えた哲学者たち　堀川　哲

二度の大戦、世界恐慌、共産主義革命――。ニーチェ、ハイデガーなど、激動の二〇世紀に多大な影響を与えた一五人の哲学者は、己の思想でいかに社会と対峙したのか。現代哲学と世界史が同時にわかる哲学入門。

哲学者の言葉　いま必要な60の知恵　富増章成

三〇〇〇年にわたる人類の思考＝哲学史を紐解けば、現代生活にも応用できる実用的な思考パターンが見つかる。ソクラテス、デカルト、ニーチェほか、主要な西洋哲学者の名言とその思想内容を平易に解説！

木田元の最終講義　反哲学としての哲学　木田　元

若き日に出会った『存在と時間』に魅せられ、ハイデガーを読みたい一心で大学へ進学。以後、五〇年にわたる哲学三昧の日々と、独創的ハイデガー読解誕生の経緯を、現代日本を代表する哲学者が語る最終講義。

幸福論　アラン　訳／石川　湧

幸福とはただ待っていれば訪れるものではなく、自らの意志と行動によってのみ達成される――。哲学者アランが、幸福についてときに力強く、ときには瑞々しく、やさしい言葉で綴った九三のプロポ（哲学断章）。

方法序説　デカルト　訳／小場瀬卓三

哲学史上もっとも有名な命題「我思う、ゆえに我あり」を導いた近代哲学の父・デカルトが、懐疑主義に到達する経緯を綴る、読み応え充分の思想的自叙伝。